遇见众神

希腊神话与西方文化艺术

崔莹◎著

中国出版集团　现代出版社

宙斯的引导

一

初次接触古希腊神话，我们很容易产生这样的印象：奥林匹亚神并不像神。他们很难满足中国人对神的想象与要求。比如主神宙斯，巧取豪夺、背叛婚姻、撒谎成癖，在道德方面有时甚至不如普通人。他手中威力无穷的闪电虽然使他掌控最高权柄，同时却也是其恣意妄为的保障。

神不像神，反倒像人。这种特征被称为"神人同形同性"（Anthropomorphism）。神并不构成对人的绝对超越，而只不过是大一点的人——也许更有力量、更敏捷、更强壮、更灵活、更聪明——但仍然处在人的延长线上，并不构成人以外的另一个维度。

如果神不过是大一点的人，不过是些快人、强人、高人，那么普通人会佩服这样的厉害角色，却不太可能敬畏之。受人类敬畏的事物除了大于人类，还应该绝对异质，这是信仰得以产生的两个前提。当我们发现奥林匹亚神不像神而像人，与我们只有量的差异，且很多时候钩心斗角、反复无常，表现得不仅像人而且像"小人"，对他们的信仰就会崩塌。

二

然而，奥林匹亚神与人又确实绝对异质——他们是不死的。

神的不死性同时意味着这样几件事：首先，神不是个人的孤独发明。个人无法经验到自身的死，至多可能经验到自身的垂死。既然个人无法仅凭自身将死亡认识为一个对象，而只能通过经历他人的死亡事件来逐渐完成对死亡的认识，那么，他也就不可能仅凭自身认识到站在死亡对岸的神。简言之，人不知死，也就不知神。只有在经历了他人的死亡事件，尤其是通常由战争、瘟疫引发的大量死亡事件之后，发现每个人死后均未复生，对人类作为一个种族的死亡必然性有了痛切感受，才有可能去设想一个能够彻底克服这种必然性的种族。所以，神是人类死亡意识的反映。

其次，神是人类的否定意识。认识到死亡必然性的人类，为了克服这种不可超逾的痛苦宿命，发明一个新种族来否定死亡。这在奥林匹亚神身上表现得格外明显。古希腊人只是简单地否定了死亡，把人的这一点属性从神性中剔除了出去，却没有剔除其他方面。于是奥林匹亚神除了不死之外，与人在其他方面表现相同。比如，在饮食上。坦塔罗斯曾经烹杀了自己的儿子珀罗普斯，邀请众神赴宴，借以考察众神是否真能通晓一切。农业女神得墨忒尔误食了一块肩胛骨。根据这则传说，可以推测至少在宙斯一代，神人可以共席，神并不需要特别的饮食。古希腊人没有将从死亡开始的否定推广到饮食层面，认为神不能吃和人一样的东西。当然，随着历史的发展，古希腊人的否定意识也在逐层加深。我们会看到在柏拉图对话中，哲人认为荷马史诗表现的众神不够善，开始提出道德方面的否定性要求。

最后，奥林匹亚神是古希腊人的喜剧。对人来说性命攸关的大事，如战争、瘟疫、祭祀，在神那里往往只是斗气使性的结果。在宙斯一系的生活中，不存在真正的严肃与高贵——如果我们承认，真正的严肃与高贵，只能发生在以死亡为前提的人类生活当中。道德意识的觉醒，在古希腊英雄身上体现得最为明显。英雄，恰好处于神与凡人之间。他是"神一样的人"，与神在各个方面均很相似，却终归不免一死。他的生命并非无穷无尽，因此必须认真思考如何才能正确地度过有限的一生。史诗中的英雄就面临这样的抉择。《伊利亚特》第九卷，阿伽门农委派使节前往被他剥夺了战利品的阿喀琉斯营帐求和，阿喀琉斯负气拒绝，他说：

> 在我看来，无论是据说人烟稠密的
> 伊利昂在和平时代，在阿开奥斯人的儿子们
> 到达之前获得的财富，或是弓箭神
> 福波斯·阿波罗在多石的皮托的白云石门槛
> 围住的财宝，全都不能同性命相比。
> 肥壮的羊群和牛群可以抢夺得来，
> 枣红色的马、三脚鼎全部可以赢得，
> 但人的灵魂一旦通过牙齿的樊篱，
> 就再夺不回来，再也赢不到手。
> 我的母亲、银足的忒提斯曾经告诉我，
> 有两种命运引导我走向死亡的终点。
> 要是我留在这里，在特洛亚城外作战，
> 我就会丧失回家的机会，但名声将不朽；
> 要是我回家，到达亲爱的故邦土地，
> 我就会失去美好名声，性命却长久，
> 死亡的终点不会很快来到我这里。

（9：401-415）

然而在挚友帕特罗克洛斯替他披挂上阵却葬身沙场之后，阿喀琉斯最终还是返回了战争前线。类似的抉择也出现在赫拉克勒斯（又译赫拉克雷斯）的命运中。古希腊哲人色诺芬在《回忆苏格拉底》第一章，记载了老师对智者普罗狄柯（又译普拉迪克斯）一篇名为《论赫拉克勒斯》的论文的忆述。论文提到了赫拉克勒斯在从幼年转向青少年，准备独立自主生活的阶段，开始思考选择什么样的道路：是舒适而轻松的享乐之路，还是高尚却艰辛的践行德性的道路。

正确或错误，一切善恶是非的抉择，均以生命有限为前提。如果人的生命是无限的，也就不需要这样的抉择。选定一条道路，同时等于舍弃另一条。如果人的生命是无限的，那么就不存在真实的舍弃。我们将总有机会重新开始，总有时间去尝试被舍弃的那一种可能。20 世纪美国诗人罗伯特·弗罗斯特的名作 *The Road Not Taken*（《没有走的路》），仍然以古希腊人这种道德意识为主题。

三

不死，使奥林匹亚神与人相区别，却无法使之与其他神明形成差异，因为其他神明也是不死的。对古希腊神话的进一步了解促使我们提出这样一个问题：奥林匹亚神与前奥林匹亚神有什么不同？或说，宙斯与他的父亲和祖父有何不同？

古希腊诗人赫西俄德《神谱》记载了三个最初的神：混沌卡俄斯、大地盖亚和爱欲之神厄罗斯。混沌和大地均生养了后代。盖亚孕育了自己的配偶乌拉诺斯。乌拉诺斯紧贴大地，每寸都与其密切结合，致使他的孩子刚出世便被尽数埋藏在大地深处。天神乌拉诺斯无休无止的求欢令大地盖亚难以承受。于是，她设下一个圈套，让小儿子克洛诺斯用一把大镰刀割下了父亲的生殖器。丧失了生殖器的乌拉诺斯再也不能覆盖大地，天地就此分离。克洛诺斯从大地深处救出兄弟姐妹——他们后来被称为提坦神。

克洛诺斯成为第二代神王。但是推翻了父亲的他也面临同样的威胁，乌拉诺斯诅咒他将来也会被自己的儿子推翻。为了不让这个诅咒实现，克洛诺斯每与姐姐瑞亚生下一个孩子，就囫囵吞下，不给他们推翻自己的机会。在第六个孩子宙斯出世时，瑞亚偷偷把他藏进了克里特岛一处隐秘地穴，然后用襁褓包着石头递给了丈夫。克洛诺斯看也没看就吞了下去。幸存下来的宙斯于是得以成长。

宙斯长大后迫使克洛诺斯把吞下去的孩子吐出来，带领他们与提坦神们作战，是为著名的提坦之战（英语：Titanomachy，希腊语：Τιτανομαχία，拉丁语：Titanomachia）。战争持续十年之久，仍然难分胜负。于是盖亚建议宙斯下到塔耳塔罗斯去释放三个可怕的怪物：赫卡同克瑞斯、库克洛普斯和癸干忒斯。宙斯率领他们和其他奥林匹斯神向提坦神驻扎的奥蒂尔斯山进攻，制造了巨大的破坏，几乎毁灭宇宙，最终击败了对方。

沿这条"弑父"传统的惯性，我们有理由推测宙斯也一定会被他的儿子推翻。但事实并非如此，奥林匹斯神系展现了前所未有的结构稳定性，宙斯的王位没有再被推翻。这是他与其父祖最大的不同。可是，他是如何做到这一点的呢？

我们可以从古希腊神话研究者那里获得启发。例如，法国人类学家、历史学家、古希腊专家韦尔南（Jean-Pierre Vernant）认为，奥林匹斯神系实际上是迈锡尼王朝时期古希腊人政治现实的镜像，它对应于建立在书记官行政基础之上的王政。不过，在结构主义思路与专家视角之外，我们仍然可以凭靠常人视角来进行分析。

与父祖相比，宙斯明显更具理智特征。乌拉诺斯与克洛诺斯均无法克制性欲本能，他们既不会去主动挑选交媾对象，也不能事先做出预防，而只能在事后对坏结果进行简单粗暴的处理。宙斯却明显不同。尽管他的雄性生殖冲动一点也不比乃父乃祖衰弱，但他会用理智去克制这种冲动。熟悉荷马史诗故事背景的读者知道，《伊利亚特》的主角阿喀琉斯本来会是宙斯的儿子。正是因为知道如果和海洋女神忒提斯结合，生下的孩子必会推翻他，宙斯才放弃了这段情史，让忒提斯去和人类英雄珀琉斯结合，生下了阿喀琉斯。

另外一个特征是，宙斯并非无远弗届的普遍神。名义上他是至高神，事实上他却与兄弟们分权而治。海洋由波塞冬管辖，冥界则交给了哈迪斯。他拥有乌拉诺斯与克洛诺斯都不具备的限度感与自我约束能力。从这个角度来说，宙斯确实比他的父亲和祖父都更与人类相似——尤其像康德笔下为自身立法的现代人。

四

崔莹这本书，正是站在一个现代人立场上——对古希腊神祇与英雄达成的理解。全书共分二十二章，从宙斯说起，以阿喀琉斯收尾。我认为这本书最值得称道的是其故事性和艺术史视角。

如果序言让读者对这本书形成了错误的印象，以为它是一本枯燥无味的理论书籍，那么相信翻开正文第一页，读者就会推翻前识。崔莹以讲故事的方式来介绍古希腊。在具体谈论某个神祇或英雄的每章，她都会选择三个兴趣点进行展开——要么是其最重要的经历，如第一章第一节"富庶岛少年初长成"，述说了宙斯非同寻常的出生与成长；要么是其最重要的性格特征，如第七章第三节"拒绝做妻子和母亲"，讲到了雅典娜"是女性力量的证明"，"或许，她过于理性，不浪漫，她拒绝做妻子、母亲，缺少女性特有的人生体验……然而，不是所有女人都要过一样的日子。雅典娜选择了……坚强独立的一生"。整本书都采取了这种夹叙夹议、以叙为主的写法，生动有趣而易于接受。

在就其经历或性格特征进行讲述之外，崔莹通常还会采取另外一种方法——讲述古希腊神祇和英雄在后世艺术作品中如何被呈现。这是这本书我个人认为最有价值的地方。崔莹将西方艺术作品中涉及古希腊神话题材的部分勾勒出来，并使它们相互联系，让读者能够捕捉到波提切利、委拉斯开兹、鲁本斯等艺术巨匠进行创作时在内容方面的可能构思，帮助增长知识之余，引发人们的反思与赞叹：西方艺术传统确实因其渊源深远，才能如斯长流。

崔莹 2016 年的著作《英国插画师》开启了她作为一位社会科学博士的人文艺术探索之旅。这本充满故事性和艺术史视角相结合的著作，是崔莹个人艺术视野进一步拓宽加深的自然产物。我想，她耕耘最勤的地方，呈现给读者的果实也最丰硕。

诗人、学者、北京大学法学博士　拉柯

序 "我们都是希腊人"

小时候，我经常用爸爸的借阅卡在厂图书馆借书看，在那里，我第一次读到了希腊神话。当我沉浸在诸神爱恨情仇的故事中时，就不知不觉地许下心愿，有一天我也要去希腊神话的遗址探古寻幽。长大后，我来到了英国，遍访欧洲，发现无论在英格兰贵族的城堡，还是苏格兰爵士的庄园，无论在佛罗伦萨的巴杰罗美术馆，还是在马德里的皇宫，无论在美泉宫的后花园，还是卢浮宫博物馆……我总能"邂逅"某位希腊神，总能遇到含有希腊神话元素的作品或装饰。

实际上，希腊神话距离我们的现实生活并不遥远，比如人们耳熟能详的潘多拉的盒子、特洛伊木马、阿喀琉斯之踵、俄狄浦斯情结等典故，都源自希腊神话。希腊神话也早已融入了现代人的生活。全球购物网站亚马逊便以希腊神话中的女战士亚马逊的名字命名，女战士亚马逊在特洛伊战争中帮助特洛伊人对抗希腊人；佳能 EOS 系列相机中的"EOS"是希腊神话中的黎明女神的名字；珠宝制造商潘多拉，其名字就取自希腊神话中，潘多拉是火神用黏土做出的地球上的第一个女人的名字。

希腊神话拥有丰富的故事、千变万化的神祇和无穷的智慧，是一座无与伦比的宝库，并被认为是整个西方文明的摇篮和精神源泉。英国诗人雪莱曾说："我们都是希腊人。我们的法律、文学、宗教、艺术，都可以在希腊找到根。"此外，希腊神话帮助我们塑造了现代思维，甚至可以说，现代思维的基本概念都可以追溯到希腊故事。希腊神话包含重要的道德和教义，这些道德和教义在今天同样重要。希腊神话对西方的政治制度也产生了深远的影响。毋庸置疑，希腊神话是开启西方文化艺术的一把金钥匙。

然而，希腊神话拥有庞大的体系，故事盘根错节，经常会令人感到无从下手。2021年初，当我有幸受邀，撰写一组关于希腊神话的专栏稿件时，我想，何不从人物，即希腊众神的角度入手？不过，我不想重述那些发生在他们身上的离奇而狂野的故事本身，因为很多人比我更会讲故事。我希望呈现我在现实生活中"遇见"的众神，用触手可及的艺术作品、文学作品等，来阐述希腊神话对西方文化、艺术和社会等领域所产生的丰富而具体的影响。

　　这本书以22位希腊神和英雄为主线，讲述他们给哪些艺术家带去灵感，催生出哪些著名的艺术作品和文学创作，改变了哪些文化习惯，等等。书稿所涉及的主题丰富有趣，比如莎士比亚为何对大力神情有独钟，卡拉瓦乔为何把自己画成了酒神，古希腊悲剧《美狄亚》和希腊英雄伊阿宋存在怎样的关系，《拉封丹寓言》中如何呈现女神赫拉，酒神对尼采的创作产生了怎样的影响，诗人雪莱和拜伦如何咏诵里拉琴，欧洲庄园普遍都设有的迷宫和希腊神话的关联等。此外，这本书包含大量高清配图，用图文并茂的形式将希腊神话对后世的影响娓娓道来。

　　我想，当您欣赏含有希腊神话元素的油画或雕塑，阅读和希腊神话人物相呼应的文学作品的时候，或者仅仅就想认识这22位希腊神和英雄时，也许这本书能带给您更多的视角、灵感和启发。

致 谢

在本书的写作过程中，我有幸得到很多人的帮助和支持，在此谨致以衷心的感谢：

我衷心地感谢《环球人物》杂志。这本书中的部分内容曾在《环球人物》杂志以专栏形式连载。我因此要特别感谢该杂志社的李璐璐女士、尹洁女士、许沉静女士和凌云先生，感谢你们的信任。

我衷心地感谢王晓梅女士、张东先生，感谢两位的热心引荐，让我有幸和现代出版社的编辑老师相识。

我衷心地感谢现代出版社的张霆先生，感谢您对书稿的肯定和喜爱，没有您的慧眼，这本书不可能这么快诞生。我衷心地感谢拉柯先生，感谢您在百忙之中为拙作赐序。我衷心地感谢本书的责编袁子茵女士，感谢您为这本书的出版付出了大量时间和心血。我衷心地感谢各位的辛勤付出，让这本书的呈现新颖活泼，独具一格。最后，我衷心地感谢我的家人和朋友，以及一直关注这本书进展的读者们，你们的支持和鼓励帮助我顺利地完成了这部书稿。

这本书肯定有许多不尽如人意的地方，如果您能够把您认为做得不够好的地方告诉我，我将不胜感激。

崔莹

2023 年 5 月

爱丁堡

宙斯，王的罗曼史

去希腊旅行，

必定不会错过雅典市中心的

奥林匹亚宙斯神庙，

它始建于公元前 6 世纪，

为祭祀古希腊最高神宙斯而建。

神庙里曾有一尊宙斯的神像，

神像约有 4 层楼高，

全身镶嵌着黄金、象牙等。

在很多艺术作品中，

宙斯被描绘成一位长着胡须、

神态威严、体格健壮的成熟男性。

宙斯是众神之王，

也是王权家庭、友谊和

客旅的保护神等。

富庶岛少年初长成 1

克里特岛位于地中海东部，是希腊的第一大岛。这里四季如春，鲜花飘香。这里的迪克特山是神话中宙斯的出生地。不过，抚养他长大成人的不是他的亲生父母，而是两位女仙阿玛耳忒亚女仙和墨利亚女仙，前者是一只母山羊，她用自己的乳汁喂养宙斯；后者喂蜂蜜给宙斯。

宙斯的亲生父母是克洛诺斯和瑞亚。克洛诺斯因为听信会被自己的孩子推翻的预言，已经接连吃掉了5个亲生骨肉。瑞亚忍无可忍，决定要保护好下一个孩子。她再次怀孕后，便假装分娩，把包裹好的石头当作新生儿，递给了克洛诺斯，克洛诺斯毫不犹豫地吞掉。瑞亚则躲藏到克里特岛生下了宙斯。这不禁让人想到中国"狸猫换太子"的传奇故事，两者都关乎帝王权力，都蕴含着爱恨情仇。

1821年，西班牙艺术大师弗朗西斯科·戈雅将克洛诺斯食子的故事画进自己的作品里，这幅作品名为《萨图恩食子》（图1）。在古罗马神话中，萨图恩对应的就是古希腊神话中的克洛诺斯。画中，背景一片漆黑，单膝跪地的克洛诺斯使劲撕咬着一具残躯，他的眼神凶残而惊恐，整幅画令人不寒而栗。戈雅创作这幅画时，西班牙内战一触即发，这幅黑暗色调的画似乎在呈现那个时代的紧张和不安。在此之前，17世纪的弗兰德斯画家鲁本斯也曾以同一主题创作了油画《农神吞噬其子》（图2），不过，他的画作生动细腻，着力表现的是活生生的人吃人的场景。

❶ 弗朗西斯科·戈雅《萨图恩食子》　　❷ 鲁本斯《农神吞噬其子》

　　日月如梭，宙斯成长为一个高大的少年，并爱上了他的家庭教师智慧女神墨提斯。也正是墨提斯教给宙斯人情世故、理智、如何权衡利弊和如何制订计划等。宙斯一直铭记着妈妈的话："不要忘记你爸爸的所作所为，他吃掉了你的哥哥和姐姐们，他是你的敌人！"妈妈还教育儿子，真正的领袖善于结盟，会受到尊敬、信赖、爱戴等。宙斯后来之所以成为能够服众的众神之王，和妈妈的教育有着密切关联。

　　宙斯在 17 岁生日那天，终于要履行使命。墨提斯交给宙斯一份神药，宙斯设法接近了克洛诺斯，哄骗他喝了这份神药。奇迹发生了，克洛诺斯之前吞掉的 5 个孩子都被他吐了出来。

靠 "抽签式民主" 建立王朝 2

　　为了对付克洛诺斯和他带领的泰坦族人，宙斯首先要让自己变得强大。如何做到这一点？墨提斯建议他和更多天神结盟。宙斯前往地狱，释放了被关在那里的独眼巨人和独臂巨人，他们感激不尽，愿意和宙斯同仇敌忾。为了报答救命之恩，独眼巨人还打造了霹雳送给宙斯。霹雳雷霆万钧，是正义的化身。这也是在后世的很多艺术创作中，宙斯身边通常都会有霹雳出现的原因。19 世纪末 20 世纪初，法国象征主义画家奥迪隆·雷东曾以独眼巨人为主题，创作了油画《独眼巨人》(图 3)。不过，在这幅画中，独眼巨人不再是狰狞的怪兽，而是一个温和纯情的大眼萌娃。他一往情深地望着海之女神嘉拉迪雅，整幅画绚丽而浪漫。

　　宙斯带领他的拥护者以奥林匹斯山为根据地，开始了 10 年的艰苦奋战。这是一场创造新神界的正义之战，宙斯最终获胜。暴君克洛诺斯的下场悲惨，他在世间无休无止地游走，开始了孤独的流亡。后来，他被人们称为"时间老人"。人们常说的一句话"时间吞噬了一切"，就源自他吞吃自己孩子的行径。

　　此后，宙斯和他的哥哥波塞冬与哈迪斯为如何分天下而愁眉不展，他们的叔父普罗米修斯建议抽签。结果是，宙斯掌管天界，波塞冬掌管海洋，哈迪斯掌管冥界，并且三人共同掌管大地。在古希腊社会，这种抽签的方式被代代沿袭，公元前 7 世纪末，雅典诞生了民主政府，雅典城的公民通过抽签选出 500 名代表组成议事会，他们也就是政府的工作人员。这种"抽签式民主"可以防止有组织的政治操控和欺诈，是雅典式民主的主要特征，

❸ 奥迪隆·雷东《独眼巨人》

也是西方民主的雏形。

宙斯的统治也可圈可点。欧洲最伟大的管理思想大师查尔斯·汉迪将宙斯的统治方式定义为"俱乐部文化",指出俱乐部文化就像是张蜘蛛网,这种文化以蜘蛛(即领导者)为中心,环绕的线代表权力和影响力,离中央愈远,则重要性愈弱。就影响力而言,宙斯带给人类的最大遗产要算奥运会。希腊人敬畏宙斯,而宙斯也想借助古希腊奥运会让希腊人保持和平——比赛在祥和的气氛下举办,其间不会有战争。古希腊奥运会始于公元前776年,该运动会每4年举行一次,之后,这个传统延续了12个世纪。1896年开始的现代奥运会便深受古希腊奥运会的启发。现代奥运会的一个重要标志是奥运圣火在奥运会开始的那天点燃,这种传统正是始于古希腊奥运会。

在古罗马神话中,宙斯对应的神是朱庇特。古罗马人用朱庇特命名太阳系的木星。木星是太阳系九大行星中体积和质量最大的行星,堪称"老大",而朱庇特正是王——也就是说在2000多年前,古罗马人已经知道这个事实。他们根据古希腊和古罗马神话,也为水星、金星、火星、土星、天王星、海王星等星球命了名。

欧洲艺术家
创作的源泉
3

　　宙斯明媒正娶的妻子是他的姐姐赫拉。赫拉美丽、强势，控制欲强，宙斯费了一番心思才追到她。他把自己变成一只可怜兮兮的布谷鸟，赫拉把它当作宠物，对它爱不释手。宙斯抱得美人归，但这并不阻碍他去追求更多的女子。

　　宙斯多情又擅于变形，艺术家以他的罗曼史为题创作了许多作品。其中最著名的一幅画是达·芬奇于16世纪初绘制的《丽达与天鹅》（图4）。达·芬奇很少围绕古希腊神话创作，此画难能可贵，遗憾的是原作已遗失，现存版为后人的复制品。这幅作品呈现了人类对性和爱的渴望，也是画师对中世纪禁欲主义的无声反抗。

　　16世纪初，意大利画家安东尼奥·柯勒乔的画作《宙斯与伊娥》（图5）描绘的是宙斯迷上河神伊那科斯的女儿伊娥的故事。画中，柯勒乔并没有按照罗马诗人奥维德所讲述的呈现"无形的宙斯"，而是用一团缥缈的乌云代替宙斯。女仙伊娥流露出沉醉的神色，妩媚而娇羞，这和当时崇尚阴柔的女性美的洛可可时代不谋而合。16世纪中期，意大利画家提香·韦切利奥绘制的《宙斯与达娜厄》（图6）呈现的是宙斯和达娜厄的故事。国王阿克里西俄斯预见自己会被未来的外孙杀死，便将女儿囚禁于地下室中，谁曾想宙斯化作一阵黄金雨与她缠绵，生下儿子珀尔修斯，并且，这个孩子最终杀死了外公。这幅画中，达娜厄仰望着变化莫测的天空，眼神无辜又无奈，似乎预示着不可逆转的悲剧。提香的这幅作品用色大胆，笔触流畅，引发人

画中，宙斯化身为天鹅，似乎要亲吻海仙之女丽达的脸颊，丽达半推半就地把天鹅拥在怀中。

仔细看，丽达的笑容有点像《蒙娜丽莎》，
达·芬奇正是在同一时期创作了这两幅画。

思索爱情、欲望和死亡等命题。当时，这幅画作也是对神学所宣扬的禁欲观念的挑战。

后来，17世纪的荷兰画家伦勃朗·哈尔曼松·凡·莱因也绘制过以达娜厄为主题的画作《达娜厄》（图7），有趣的是，他把达娜厄画成了一位丰腴性感的荷兰贵妇，贵妇的眼神里充满了幸福和渴望。为他做模特的是伦勃朗的夫人，他也很调皮地把自己画成了偷情的宙斯。此外，德国画家约纳斯·霍夫曼的《达娜厄和黄金雨》（图8）、瑞典画家阿道夫·乌尔里克·维特穆勒的《达娜厄和黄金雨》（图9）、荷兰画家丹尼尔·米腾斯的《达娜厄和黄金雨》（图10）和意大利画家奥拉齐奥·真蒂莱斯基的《达娜厄》（图11）都是根据这个故事创作的。

为了得到喜欢的女子，宙斯不择手段。18世纪法国画家弗朗索瓦·布歇的画作《朱庇特和卡利斯托》（图12）呈现的是宙斯变成戴安娜女神，去亲近戴安娜最喜欢的仙女卡利斯托的故事。提香于1551年创作的《掠夺欧罗巴》（图13）和保罗·委罗内塞于16世纪七八十年代创作的三幅《宙斯劫掠欧罗巴》（图14、图15、图16）都是关于宙斯变成牛劫持腓尼基王国的公主欧罗巴的故事。提香的

⑤ 安东尼奥·柯勒乔《宙斯与伊娥》

❻ 提香《宙斯与达娜厄》

❼ 伦勃朗·哈尔曼松·凡·莱因《达娜厄》

❽ 约纳斯·霍夫曼《达娜厄和黄金雨》

❾ 阿道夫·乌尔里克·维特穆勒《达娜厄和黄金雨》

❿ 丹尼尔·米腾斯《达娜厄和黄金雨》

⓫ 奥拉齐奥·真蒂莱斯基《达娜厄》

⓬ 弗朗索瓦·布歇《朱庇特和卡利斯托》　⓭ 提香·韦切利奥《掠夺欧罗巴》

画欢乐奔放，充满动态感，委罗内塞的画色彩丰富、豪华壮丽。显然，画师们对这个故事充满了兴趣。之后，布歇也画了至少两幅《劫掠欧罗巴》（图17、图18）。这两幅画温暖浪漫，欧罗巴的脸上露出幸福的表情，围绕在欧罗巴周围的仙女们似乎也在祝福她。

这段传奇故事催生了欧洲——宙斯和欧巴罗公主停留的新大陆因公主的到来而被称为欧罗巴，也就是今天的欧洲大陆。于是，当你在欧盟总部附近看到骑公牛的欧罗巴雕像时，你一定不会再感到奇怪：骑公牛的欧罗巴代表的就是欧洲。

从领导新神界的正义之战到开创雅典式的民主，从启发俱乐部文化到留给世人奥运会的传统，从影响了木星的命名到给无数艺术家带来创作的灵感，从有勇有谋的英雄到浪漫多情、博爱好色的男人……宙斯是神，也是普通的人，这体现的是"神人同形同性"，即把神拉到人群中，诸神不再高不可攀，人们可以像理解人那样理解神，这也正是古希腊文化的朴素的人文主义精神。

⓮ 保罗·委罗内塞《宙斯劫掠欧罗巴》

⓯ 保罗·委罗内塞《宙斯劫掠欧罗巴》

⓯ 保罗·委罗内塞 《宙斯劫掠欧罗巴》

⓰ 弗朗索瓦·布歇 《劫掠欧罗巴》

❶ 弗朗索瓦·布歇《劫掠欧罗巴》

赫拉，

婚姻保护神
的不幸婚姻

说起希腊神话中的赫拉，

人们常有这样的印象——专横跋扈、

忌妒心强、残酷无情。

罗马诗人奥维德也在

《变形记》中描写赫拉

"除了忌妒以外几乎没有其他特点"。

赫拉是婚姻之神，

妇女和生育女神，

是宙斯唯一的合法妻子，

也是奥林匹亚众神的女王。

赫西俄德在《神谱》中把赫拉称为

"脚穿金鞋的赫拉"，

在《荷马史诗》中，

赫拉被称为"白臂女神赫拉"和

"牛眼夫人"等。

银河的诞生
源于赫拉

　　赫拉对现世最重要的影响要数银河的命名。银河所对应的英文是 "Milky Way"，意思是"奶路"，这条奶路的由来和赫拉有关。

　　据古希腊神话，只有喝过赫拉的乳汁，宙斯和凡人生的孩子才能变成神。宙斯追求凡间女子阿尔克墨涅，和她生下了赫拉克勒斯。阿尔克墨涅担心赫拉不会放过自己，将婴儿遗弃在田野里。众神使者赫尔墨斯奉宙斯之命，把婴儿带到赫拉跟前，赫拉见婴儿哭个不停，抱起他，婴儿尽情吮吸赫拉的乳汁，结果吸得太狠，赫拉一惊，赶紧把他推开，乳汁一下子喷溅到天空里，形成了银河。另一种说法是，雅典娜将赫拉克勒斯带到赫拉的面前，赫拉可怜这个哭哭啼啼的婴儿，就喂他乳汁，后面的情节一样，也是他把赫拉弄疼，赫拉推开婴儿，溅出来的乳汁形成了银河。

　　显然，16 世纪意大利威尼斯派画家雅各布·丁托列托和巴洛克风格的代表画家彼得·保罗·鲁本斯都为这个故事着迷，两人都创作了他们想象中的《银河的起源》。

　　鲁本斯的《银河的起源》（图 1）收藏于西班牙的普拉多博物馆。1636 年至 1637 年，鲁本斯在其人生晚年创作了这幅油画。

　　鲁本斯按照妻子海伦·富尔曼的模样绘制了赫拉。富尔曼是鲁本斯的第二任妻子，比鲁本斯小 37 岁，鲁本斯经常用她做模特。画中的赫拉体态肥胖，丰乳肥臀，是典型的"鲁本斯式女人"。这幅画是鲁本斯为西班牙费利佩四世绘制的，用于装饰王室成员打猎休闲圣地畋憩别馆。

画中，从鹰和霹雳可以识别，左侧那个熊腰虎背的男人是宙斯，他看起来很不耐烦。

画的右侧是两只孔雀，它们拉着战车，愁眉苦脸。

中间那位丰腴的女子是赫拉，乳汁从赫拉左侧乳房溅出。她和婴儿对视，婴儿一脸的惊讶和不开心。

丁托列托画的《银河的起源》（图2）收藏于英国国家美术馆。画中，一个悬浮在天空中的天神正将婴儿从赫拉的怀中抱走，赫拉的乳汁喷溅而出，向天上喷溅的乳汁变成一颗颗闪亮的星星，溅到地面的乳汁变成了百合花。背景中，宙斯的鹰抓着螃蟹状的物体，大概代表巨蟹座，赫拉的孔雀在画的右下角。丁托列托的画深受提香的影响，具有动感，且色彩富丽奇幻。

❷ 雅各布·丁托列托《银河的起源》

赫拉和孔雀的寓言 2

赫拉的圣物包括石榴、布谷鸟、孔雀和乌鸦等。其中人们最熟悉的是孔雀，这大概要归功于天后和孔雀的故事。

17 世纪法国诗人尚·德·拉封丹以《拉封丹寓言》留名后世，这本寓言集中的故事大部分来自伊索寓言、古希腊神话和印度传说等。人们熟悉的龟兔赛跑就出自这本寓言集。《孔雀向天后抱怨》是其中一则人们耳熟能详的寓言。孔雀向主人赫拉抱怨自己的嗓音不好听，但是愚笨的夜莺声音甜美，它的歌声让山谷春意盎然。赫拉有些生气地回答："平静下来，爱忌妒的鸟！你该羡慕那可怜的夜莺吗？你的脖子上有彩虹的颜色，让你趾高气扬！你的尾巴闪闪发亮，光彩照人，像华丽的宝石一样！没有一种鸟令所有人都羡慕，没有一种动物拥有所有的天赋。"接着，赫拉又告诉孔雀每种动物都有自己的特征，老鹰以勇敢著称，乌鸦预示着厄运等，并劝诫孔雀满足命运赋予的礼物，如果孔雀继续抱怨的话，她就把它已经拥有的美丽的羽毛收回。这则寓言告诉人们：每个人都有不同的使命，没有十全十美的人，我们应该学会知足。

19 世纪法国象征主义画家古斯塔夫·莫罗画于 1881 年的水彩画《孔雀向天后抱怨》（图 3）呈现了这个故事。这幅画现藏于巴黎的古斯塔夫莫罗博物馆。他的这幅画充满了象征主义特征，也融合了文艺复兴时期的绘画风格和浪漫主义风格。这种影响源自莫罗的意大利之行，他在那次旅行中观察了许多文艺复兴时期的画作和浪漫主义风格的作品，这些作品帮他找到了自己的创作风格。这幅画的颜色生动、色彩饱满，孔雀亮丽的尾巴和白色的赫拉形成鲜明对比，这种对比将欣赏者的视线吸引到拥有鲜艳色彩的孔雀身上，同时画中赫拉所处的空间则充满超现实主义和象征性。画的

❸ 古斯塔夫·莫罗《孔雀向天后抱怨》

左上方有一只表情严肃的鹰正凝视着云层。鹰是宙斯的神圣鸟，象征宙斯的存在和他的统治，显然，这里象征宙斯正在监视妻子赫拉的一言一行。画中也出现了象征神灵和力量的橄榄枝。

19世纪末，法国插画师古斯塔夫·多雷也绘制了一幅《孔雀向天后抱

❹ 古斯塔夫·多雷《孔雀向天后抱怨》

怨》（图4）的版画，这幅画呈现了在希腊废墟中仰天而问朱诺女神像的孔雀，具有强烈的写实主义色彩。在1887年出版的《孩子们的寓言集》中，英国插画师沃尔特·克莱恩同样画了《孔雀的抱怨》（图5），他将孔雀和赫拉画得美轮美奂。赫拉坐在宝座上，美丽端庄，她的脸上洋溢着灿烂的微笑。画中的孔雀呢，一只快快不乐，一只张着嘴巴。赫拉似乎正和善地和孔雀对话。画的右下角是这样一段文字：孔雀没有夜莺的歌喉，它考虑这样不对，所以去问赫拉。赫拉回答："闭起你的傻嘴巴，对你已有的心满意足！"然后一排字：不要和大自然相争。

⑤ 沃尔特·克莱恩《孔雀的抱怨》

鲁本斯画赫拉
复仇故事

3

　　赫拉是宙斯唯一的合法妻子，两人结婚后，宙斯并没有遵守诺言只爱她一人，而是继续追求不同女子，这让赫拉怒火中烧。为捍卫自己的地位和婚姻，赫拉展开对宙斯的情人和私生子的报复。这些行动数不胜数：赫拉得知赫拉克勒斯是宙斯和凡间女子阿尔克墨涅的私生子后，便竭尽全力让赫拉克勒斯的生活悲惨不已，并导致他最终变成了疯子；赫拉让阿尔克墨涅在生育赫拉克勒斯时吃尽了苦头；宙斯追求伊娥，赫拉出于妒忌将她变成了母牛，并派遣百眼巨人阿耳戈斯看守变成牛的伊娥；为报复宙斯的凡间情人塞墨勒，赫拉唆使她要求宙斯以神的面目出现，导致塞墨勒灰飞烟灭等。

　　赫拉复仇的故事代代相传，成为欧洲画师们热衷的题材。伦勃朗的老师、荷兰画家彼得·拉斯特曼画了《赫拉发现宙斯和伊娥在一起》(图6)，画中，伊娥已经被赫拉变成了母牛，宙斯和赫拉四目相对。拉斯特曼对人物细节描绘得生动细腻，他将宙斯的惶恐不安和赫拉的理直气壮栩栩如生地呈现了出来。

　　除了《银河的诞生》，鲁本斯画的和赫拉有关的作品还包括《帕里斯的评判》(图7)、《赫拉和阿耳戈斯》(图8)和《塞墨勒之死》(图9)等。《赫拉和阿耳戈斯》画于1610年，现藏于德国科隆的瓦尔拉特博物馆。画中，身穿一袭红裙、戴着王冠的赫拉正接过从阿耳戈斯的头颅上挖出来的眼睛，准备将它们插到孔雀的尾羽上。赫拉的助手拎着阿耳戈斯的头颅，赫拉身旁躺着阿耳戈斯的无头尸。此前，赫拉派百眼巨人阿耳戈斯去监视变成母牛的伊娥，结果他被宙斯派来的神使赫尔墨斯杀死。这幅原本血腥暴力的

❻ 彼得·拉斯特曼《赫拉发现宙斯和伊娥在一起》　　❼ 鲁本斯《帕里斯的评判》

画却带着几分肃穆。《塞墨勒之死》是鲁本斯根据奥维德的《变形记》画的。受赫拉挑唆，塞墨勒坚持要看宙斯的真身。凡人不可以直面希腊神，不过此前宙斯已经答应她会实现她的一个愿望，无论这个愿望是什么，宙斯只得现真身，结果，塞墨勒化成了灰。

赫拉是婚姻的保护神，但她自己的婚姻却千疮百孔。她很不幸，因为宙斯风流倜傥，到处招蜂引蝶。赫拉的种种妒忌报复行为都是为了维护自己的婚姻。毋庸置疑，赫拉的反抗行为非常极端，不讨人喜，但这正是她的天性。如寓言《孔雀向天后抱怨》中赫拉本人所揭示的道理，即每个人都有不同的使命，赫拉的使命大概就是让丈夫意识到他的错，倘若丈夫屡犯不改，妻子就会愈战愈猛。

时过境迁，遇到宙斯这样的男人，很多现代的成熟女性大概更会放爱一条生路，远离渣男。这是另一种方式的反抗，彻底而决绝。从古至今，女性一直都在女性意识的觉醒和女性地位提升之路上求索。赫拉的故事便是其中的例证：端庄美丽、柔弱的女性一旦反抗起来，很可能离经叛道，坚韧而顽强。

❽ 鲁本斯 《赫拉和阿耳戈斯》

❾ 鲁本斯 《塞墨勒之死》

阿波罗，
完美男神
的不完美

天文爱好者一定会了解

20 世纪六七十年代的阿波罗计划:

3 名宇航员在阿波罗 1 号测试

过程中因火灾事故遇难;

阿波罗 2 号和 3 号没有实施;

阿波罗 4 号测试的是飞船的返航能力;

阿波罗 7 号是阿波罗计划中首次载人发射;

阿波罗 11 号让人类第一次登陆月球。

尼尔·奥尔登·阿姆斯特朗的那句

"这是我个人的一小步,却是全人类的一大步"

和阿波罗计划一起流传至今。

几千年来,光明之神阿波罗

(罗马神话中的太阳神)

的影响遍布西方文学、

艺术和生活的各个角落。

阿波罗驾太阳战车
雕塑盛行

1

英国雕塑家安东尼·葛姆雷是我熟悉的艺术家。每每走英国 A1 公路，路过纽卡斯尔北部时，一定会看到那个伸展着宽大翅膀的巨大天使雕像，那是他的杰作《北部的天使》。2019 年夏天，葛姆雷在希腊提洛岛举办名为"景"的个展，展出了他的 29 座雕塑作品，探讨的是时间与永恒。之所以选择提洛岛为展地，是因为传说那里是阿波罗和阿耳忒弥斯的诞生地。葛姆雷认为时间在那里被嵌入了岩石里。

根据古希腊诗人赫西俄德的描述，宙斯在娶赫拉之前曾和勒托相爱。赫拉得知此事后非常生气，当她听说勒托怀了宙斯的孩子时，更是恨得咬牙切齿，下令禁止大地为勒托提供分娩场所。由于害怕会被赫拉报复，大地拒绝了勒托。勒托找不到可以安全生孩子的地方，心急如焚。宙斯的哥哥波赛冬伸出援手，把她安排到爱琴海的提洛岛上。这座岛是浮岛，不属于大地。波塞冬从海底升起四根金刚石巨柱，将这座浮岛固定下来。勒托在岛上生下了阿波罗和他的孪生姐姐阿耳忒弥斯。自此，提洛岛成为一座神圣的岛，岛上建有狄俄尼索斯、波塞冬、赫拉、伊西斯等的神庙。因为岛上有丰富的古迹，1990 年被联合国教科文组织授予世界文化遗产称号。

岁月如梭，阿波罗长成了一个快乐、聪明、阳光的青年。公元 3 世纪，古希腊作家斐罗斯屈拉特这样描述阿波罗："他的长发扎在一起，充满活力；他的额头散发出光芒，他的脸颊洋溢着微笑，他的眼神敏锐犀利。"每天早晨，阿波罗都会驾着一辆金色的太阳战车从东方升起，为世界带来光明。他忠于职守，浑身散发着正能量。

　　阿波罗的太阳战车金碧辉煌。奥维德在《变形记》中这样描述这辆二轮四马战车："车轴、套杆、轮子都是黄金打的，轮辐是银的，套圈上嵌着翡翠和珠宝，光彩夺目。"坐在车上的阿波罗有着唯我独尊的霸气。这场景显然令自诩为"太阳王"的法国国王路易十四艳羡不已，他在钟爱的凡尔赛宫再现了这一盛景。法国雕塑家让·巴蒂斯特·图比根据宫廷画师夏尔·勒布伦的设计，为路易十四打造了《阿波罗喷泉》铜雕（图1）：阿波罗乘坐座驾，似乎正从水中一跃而起，座驾前方是4匹神态各异、凌空飞腾的骏马，3名身材魁梧的护卫吹着号角，随其左右。300多年过去了，这组铜雕依然是凡尔赛花园最惊艳的一景。

❶ 让·巴蒂斯特·图比创作的《阿波罗喷泉》铜雕
（来源：Wikimedia Commons）

　　阿波罗驾太阳战车的雕塑也成为欧洲的经典雕塑。不过要留意的是，有时战车上坐的并不是太阳神。比如巴黎卡鲁索凯旋门顶端的雕塑（图2）和伦敦惠灵顿拱门的雕塑，这两处坐在战车上的都是和平天使。因为二轮四马战车并非阿波罗的专利——在古罗马和拜占庭时期，四马拉车赛还是一种体育赛事呢！

❷ 巴黎卡鲁索凯旋门顶端雕塑
（来源：Wikimedia Commons）

2 画家热衷画 阿波罗和缪斯

　　阿波罗英俊潇洒，擅长弹奏七弦琴，精通箭术，才华横溢，文武双全，他和美丽的缪斯们一起掌管艺术与科学。他们经常在一起吟诗作词、载歌载舞，如此美好的场景自然成为艺术家们热衷的绘画题材。

　　1509年至1511年，拉斐尔·圣齐奥在梵蒂冈创作了壁画《帕那苏斯山》（图3），画的是阿波罗的住所——神话中的帕纳苏斯山。画中，阿波罗位于中心演奏着乐器。他的周围环绕着9位缪斯、9位古代诗人、9位当时的诗人。看样子，阿波罗正给诗人们带去灵感。

　　古人和今人聚在一起，像是穿越时空的文青宴会。受拉斐尔壁画的启发，17世纪30年代，法国巴洛克画家尼古拉斯·普桑画了一幅类似的作品《阿波罗和缪斯》（图4），不过，普桑的画中多了7个活泼可爱的小天使，他们或向客人们讨要诗作，或决定把桂冠戴在哪位诗人的头上，这些灵动的小仙让画面更加热闹饱满。这幅画目前收藏于马德里的普拉多博物馆。新古典主义画家安东·拉斐尔·门斯的《帕那苏斯山》（图5）呈现的阿波罗和10位美丽的缪斯欢聚一堂的场景。

　　19世纪德国画家海因里希·玛丽亚·冯·赫斯也画了《阿波罗和缪斯》（图6），该画现收藏于慕尼黑的新绘画陈列馆。画中，阿波罗在弹奏七弦琴，他仰望着天空，围绕在他周围的缪斯有的在注视着他，有的和他一起仰望天空。缪斯们都若有所思。从画中繁茂的果树和潺潺的溪流可以看出，这里如伊甸园般美丽。

❸ 拉斐尔·圣齐奥绘制的壁画《帕那苏斯山》
（来源：Wikimedia Commons）

❹ 尼古拉斯·普桑
《阿波罗和缪斯》

⑤ 安东·拉斐尔·门斯
《帕那苏斯山》

⑥ 海因里希·玛丽亚·冯·赫斯
《阿波罗和缪斯》

⑦ 罗伯特·桑德森
《阿波罗和 9 位缪斯》

爱丁堡大学也收藏有一幅苏格兰画家罗伯特·桑德森画的《阿波罗和9位缪斯》(图7),这幅画活泼、动感,色彩明艳,阿波罗和缪斯们手牵手,围成圈起舞。他们身着典型的古希腊服饰,自由奔放,飘舞灵动的裙裾似乎旋转出欢声笑语。

和缪斯、诗人在一起的阿波罗是标准的文青范儿,他充满激情和活力,过着充满诗情画意的生活。然而,帅气男神的情路艰辛——这要归咎于淘气的丘比特。阿波罗见丘比特是个小孩,嘲笑他的箭术不准。殊不知这惹怒了丘比特,他决定要报仇。丘比特有两把箭,一把让人坠入爱河,另一把则让人讨厌爱情。丘比特"作妖",让阿波罗爱上了河神的女儿达芙妮,但达芙妮丝毫不爱他。痴情的阿波罗苦苦追求达芙妮,当阿波罗触碰达芙妮的身体时,她居然变成了一棵月桂树。

这一爱情悲剧被艺术家们做成了雕像、画成了画。17世纪20年代,被誉为意大利巴洛克艺术的首席雕塑家济安·劳伦佐·贝尼尼创作了大理石雕塑《阿波罗和达芙妮》(图8)。雕塑中的阿波罗维持着奔跑的姿势,面带深情和无奈,而达芙妮张着嘴,一脸惊恐。这座雕塑充分体现了人物的运动、兴奋、感性和戏剧性,堪称贝尼尼雕塑顶峰的杰作。

法国画师泰奥多尔·夏塞里奥的油画《阿波罗与达芙妮》(图9)呈现了同样的故事。一个爱得痛彻心扉依然不放弃,一个即使飞魄飞魂也要逃离,这大概是人生最大的悲剧了。

❽ 济安·劳伦佐·贝尼尼创作的《阿波罗和达芙妮》雕塑
(来源:Wikimedia Commons)

❾ 泰奥多尔·夏塞里奥《阿波罗与达芙妮》

画中，情意绵绵的阿波罗跪在达芙妮跟前，祈求她的爱恋。

而达芙妮紧闭双眼，任凭自己的双腿变成了树桩，也不接受阿波罗的爱。

3 尼采写"太阳神阿波罗精神"

除了在文艺圈享有盛名，阿波罗在哲学界也占有一席之地，这要归因于德国哲学家尼采。《悲剧的诞生》是尼采的第一部主要著作，也可以说是他的哲学思想的诞生地。在这部著作中，他将"太阳神阿波罗精神"和"酒神狄俄尼索斯精神"融合，分析希腊文化艺术，探讨悲剧的起源。

阿波罗和狄俄尼索斯都是宙斯的儿子。阿波罗具有理性的思维，遵守秩序并注重逻辑，行事审慎且性情单纯；狄俄尼索斯是非理性和混乱之神，注重情感和直觉。尼采认为，代表光明、清醒与理性的太阳神精神和代表黑暗、狂乱与非理性的酒神精神构成了希腊时代的两种平衡的力量，而正是这两种力量的互相驱动，促进了文化艺术的发展。他写道："如果我们不只达成了逻辑的洞察，而且还直接掌握了具象的直观，也就是让艺术的发展与太阳神精神和酒神精神的二元性相联结，那么，我们的美学便可以收割丰硕的成果……我们的知识与阿波罗和狄俄尼索斯这两位艺术之神脱不了关系。在希腊的世界里——就创作的来源和目标来说——视觉的造型艺术（阿波罗式艺术）与非视觉的音乐艺术（狄俄尼索斯式艺术）之间存在着激烈的对立。这两种如此不同的驱力呈现着平行的发展，它们通常处于公开的对抗状态，相互的冲击并不断促成对方更强大的新生，而让彼此之间的战斗没完没了地持续下去。"尼采在《悲剧的诞生》中比较这两种驱力，指出太阳神的驱力会产生一种类似梦的状态，酒神的驱力则造成一种类似恍惚迷醉的状态。太阳神阿波罗"掌控内在幻想世界的美好的假象"，是"一切造型能力的神"，与此相反，酒神精神则是驱力的放纵，是狂欢的陶醉，是不受约束的生命力的释放。

最终，"酒神说着日神的语言，而日神最终说起酒神的语言来"，尼采把悲剧的诞生归结为两种精神的激荡，即两者的和解所诞生的就是希腊的悲剧艺术。尼采的这本哲学巨著警醒世人：人们可以同时拥有太阳神和酒神的生活体验，快乐和痛苦原本就相互依存，没有绝对二分的是与非；人们同时感受到这两种精神，从而回归到更贴近人自身的真实，回归到原初的生命状态，并从这样的体验中尽情绽放各自的生命力。

阿波罗是希腊神中最帅气的男神，他不仅帅气、优雅、健壮，且有天赋理智，几乎集男性所有优点于一身；他每天驾着太阳战车划过天际，给世界送温暖；艺术家用形态各异的雕塑再现他驾太阳战车的绝妙和震撼，用画作描绘他和缪斯们有美食、有歌舞、有诗词的如梦如幻的生活。然而，命运却故意捉弄如此完美的人，让他体会到爱而不得的无奈和哀伤。在达芙妮面前，阿波罗没有任何光环，只不过是一个被她拒绝的追求者。也许，有缺憾、不完美的人生才是真正的人生，如同尼采在《悲剧的诞生》中所秉持的观点，既要理性也要非理性，既要拥有快乐也要感受痛苦。阿波罗，几近完美的男神，用他不完美的人生揭示了这个道理。

爱神阿佛洛狄忒，为情而生

Chapter 4

来欧洲的第二年，
我便前往法国的卢浮宫，
瞻仰了大名鼎鼎的"断臂维纳斯"，
她在罗马神话中被称为阿佛洛狄忒。
我不禁想象这位女神雕像之前的样子，
她的手臂如何摆放？
她的手中拿着一个苹果，
还是一顶王冠？
或许，她正扶着战神的盾牌照镜子？
后来，我曾前往塞浦路斯的
帕福斯海滩拜访爱神岩，
那里正是维纳斯诞生的地方。
阿佛洛狄忒，
爱与美之神，
她有怎样的前世今生，
她又如何影响着后人？

"维纳斯的诞生"
影响文艺复兴

1

关于阿佛洛狄忒的身世，一种观点认为她是宙斯与多多纳女神狄俄涅的女儿，古希腊诗人荷马在《伊利亚特》和《奥德赛》中援引了这种说法。另一种观点认为阿佛洛狄忒的诞生和第一代天神乌拉诺斯有关。乌拉诺斯诞生于母亲盖亚的指尖，盖亚也是他的情人。乌拉诺斯仇视自己的儿子，把盖亚为他生的孩子一个个地关入了黑暗之地。愤怒的盖亚便怂恿小儿子克洛诺斯找机会报仇。一天晚上，乌拉诺斯和盖亚约会时，克洛诺斯发起突袭，用镰刀割下父亲的器官，将其丢入爱琴海。此时，海上浮起巨大的白色泡沫。泡沫中间，一个赤裸裸的女子站在扇贝壳上，缓缓而来。她便是阿佛洛狄忒，这个名字的含义是"在海水的泡沫中诞生"。古希腊诗人赫西俄德在《神谱》中描述了这个故事。关于阿佛洛狄忒如何诞生的这两种说法迥然不同，古希腊哲学家柏拉图灵机一动，认为两种说法都对，只不过是两位女神重名而已，他认为有两个阿佛洛狄忒：一个是"天上的"，一个是"世俗的"。

实际上，阿佛洛狄忒诞生于海上的说法更深入人心，这大概要归功于佛罗伦萨派画师桑德罗·波提切利的《维纳斯的诞生》（图1）。这幅画展现的是阿佛洛狄忒抵达塞浦路斯岛的情景。

首先，它展现的是一位裸女。在中世纪，这类主题受限，因为裸体代表罪恶和软弱，在那个时代，除了伊甸园中的夏娃形象，别说裸女了，连裸像都很少见。其次，关于希腊神话主题的画作在当时算得上一种新类型的绘画。据说，波提切利从意大利诗人波利齐安诺的长诗《吉奥斯特纳》

中受到启发，创作了这幅作品。这幅作品也蕴含着某种宗教仪式感。画中场景庄严肃穆，人物的布局以及他们的姿势令人联想到意大利画家安德烈·德尔·韦罗基奥的《耶稣受洗》（图2）。波提切利是韦罗基奥的学生，两幅作品存在诸多相似之处也不足为奇。一个是诞生于海洋的爱与美之神，一个是接受洗礼的上帝的儿子。这不禁令人推测，洗礼和大海中诞生都蕴含着重生的奥秘。

❶ 桑德罗·波提切利《维纳斯的诞生》

她站在一块巨大的扇贝壳上，仿佛一颗纯净而完美的珍珠。

画的左边是飞在空中的西风神泽费罗斯和微风女神奥拉，他们相拥在一起，口里吹着气。

画的右侧是春神芙罗娜，她举着粉色的斗篷，正要给阿佛洛狄忒披上。这幅作品意义非凡。

古希腊人和古罗马人通常认为阿佛洛狄忒拥有一头乌黑的直发，波提切利却赋予她一头红发。中世纪的画师很少画红发女子，因为红发通常与恶灵相关。这样的与众不同又体现了波提切利的反叛精神。从文艺复兴时期到现代，波提切利的《维纳斯的诞生》越来越受欢迎，画中的女神形象不仅成为西方文艺复兴的标志，也激发了当代设计师的灵感，比如2013年，Lady Gaga 曾穿着画满《维纳斯的诞生》的裙子在媒体的闪光灯下大展光彩。

　　法国巴洛克风格画家尼古拉斯·普桑也画过《维纳斯的诞生》（图3），他的作品则充满古典主义韵味。

❷ 安德烈·德尔·韦罗基奥《耶稣受洗》　　❸ 尼古拉斯·普桑《维纳斯的诞生》

爱情故事画不完 2

　　阿佛洛狄忒最大的特点是美，据说，她的盛世容颜可以迷倒任何看见她的人。

　　阿佛洛狄忒的丈夫原本是火神与工匠之神赫菲斯托斯。不过，这门婚事是宙斯和赫拉指定的。赫菲斯托斯相貌丑陋，还是个瘸子，阿佛洛狄忒自然不会爱上他。因和战神阿瑞斯的私情被丈夫发现，阿佛洛狄忒提出和丈夫离婚。恢复自由身的阿佛洛狄忒更能够大胆去爱了。奥林匹斯山上的男神赫耳墨斯和狄俄尼索斯等都曾拜倒在她的石榴裙下。阿佛洛狄忒还喜欢上了人间美男阿多尼斯，不幸的是，阿多尼斯在一场狩猎中被野猪咬死。阿佛洛狄忒的另一位著名的人间情人是特洛伊将领安基塞斯。多情似乎是阿佛洛狄忒的本能，只有在不断地爱与被爱中，她才能感受到自己的存在。

　　古往今来，女神的爱情故事都是艺术家们创作的源泉。意大利画家保罗·委罗内塞的画作《美神和战神因爱而在一起》（图4）和《维纳斯和阿多尼斯》（图5）分别呈现了阿佛洛狄忒的两段恋情。在《美神和战神因爱而在一起》中，维纳斯和战神玛尔斯（阿瑞斯就是罗马神话中的玛尔斯）亲密无间，两人的目光都落在他们的孩子丘比特身上，画面幸福甜美。在《维纳斯和阿多尼斯》中，阿多尼斯正躺在维纳斯的大腿上睡觉。他们的儿子丘比特抱着一只猎犬，竭力阻止它往外冲。因为维纳斯曾预测阿多尼斯会死于狩猎，丘比特的举动暗示了将要降临的厄运。

　　意大利画家提香·韦切利奥也曾以《维纳斯和阿多尼斯》（图6）作

❹ 保罗·委罗内塞《美神和战神因爱而在一起》　　❺ 保罗·委罗内塞《维纳斯和阿多尼斯》

画。画中，阿佛洛狄忒担心爱人遇难，正拼命阻止他去狩猎，而阿多尼斯一脸不耐烦，试图从对方的怀抱中挣脱出来。阿佛洛狄忒的美丽、丘比特的恐惧和故事的悲剧结尾形成了鲜明的对比。法国大革命时期的画家皮埃尔·保罗·普吕东画笔下的《维纳斯和阿多尼斯》（图7）则充满浪漫色彩。维纳斯和阿多尼斯亲密地相依相偎，这样甜美的画面令人忘记了爱人就要别离。两人背后是一片漆黑的森林，预示着灾难即将降临。

　　提香也创作了其他多幅关于阿佛洛狄忒的作品，包括《照镜子的维纳斯》（图8）、《对维纳斯的敬奉》（图9）和《维纳斯和鲁特琴演奏者》（图10）等。在提香画的《乌尔比诺的维纳斯》（图11）中，画师将女神置于华丽的室内，在这里，女神从神性中苏醒过来，成为极富生活情趣的女子，与其说她是神女，不如说她更像是一位世俗的贵妇人。此前，意大利画家乔尔乔内曾和提香共同创作了《沉睡的维纳斯》（图12），第一次让女神斜卧，这一经典姿势被其他艺术家们纷纷效仿。总之，乔尔乔内和提香的画都让高冷的女神从神话走向了人间。

❻ 提香
《维纳斯和阿多尼斯》

❼ 皮埃尔·保罗·普吕东
《维纳斯和阿多尼斯》

❽ 提香《照镜子的维纳斯》

❾ 提香《对维纳斯的敬奉》

❿ 提香《维纳斯和鲁特琴演奏者》

⓫ 提香《乌尔比诺的维纳斯》

⓬ 提香和乔尔乔内共同创作的《沉睡的维纳斯》

⓭ 迪亚哥·委拉斯盖兹《镜前的维纳斯》

  关于"照镜子的维纳斯",人们更眼熟的是西班牙画家迪亚哥·委拉斯盖兹的《镜前的维纳斯》(图13)。画中,女神背对观者侧卧,正往丘比特扶着的镜中看,镜中呈现的是女神的漂亮脸蛋儿。人们大都以为女神在欣赏镜中的自己,其实不然,女神只能在镜中看到画师。这种现象颇有哲理,被人们称为"维纳斯效应"。

  除了提香和委拉斯盖兹,鲁本斯也画过《镜前的维纳斯》(图14)。他画的女神体态丰腴、美艳性感,女神戴着镶着宝石的臂饰和闪亮的耳坠,洋溢着浓郁的巴洛克风格。

  除此之外,鲁本斯创作的《维纳斯与阿多尼斯》(图15)、《维纳斯、玛尔斯和丘比特》(图16)和《维纳斯和战神》(图17)等画作,都体现了他对这位女神的喜爱。

⓮ 鲁本斯《镜前的维纳斯》

⓯ 鲁本斯《维纳斯与阿多尼斯》

⓰ 鲁本斯《维纳斯、玛尔斯和丘比特》

⓱ 鲁本斯《维纳斯和战神》

3 "第十位文艺女神"的缔造者

　　阿佛洛狄忒的美貌和传奇吸引着很多文人墨客为之咏颂。其中包括古希腊第一位女诗人萨福，她创作的《永生的阿佛洛狄忒》是诗歌史上的重要诗篇。阿佛洛狄忒不光是萨福的创作源泉，也是她侍奉的女神、她一生的信仰。

　　大约公元前615年，萨福出身于莱斯波斯岛的一个贵族家庭。她曾与一个富人结婚，并生下女儿。之后，她的大部分时间都在爱琴海的莱斯波斯岛度过。萨福在那里为年轻的女孩子们开设了一所学堂，教她们诗歌和艺术等。那里简直是女子的乐园，法国诗人波德莱尔描述："在那里，慵懒或热烈的亲吻，太阳般燃烧，西瓜一样清凉。"办学之余，萨福用诗歌书写自己的爱和激情，并勇敢地追求所爱。萨福被认为是古希腊唯一可与荷马媲美的女诗人，古希腊神话中有九位文艺女神，柏拉图称赞萨福是第十位。

　　《永生的阿佛洛狄忒》是萨福和阿佛洛狄忒之间的对话。萨福爱而不得，痛苦沮丧，她祈求女神为她出谋划策。诗中写道："永生的阿佛洛狄忒，宝座上的女神，宙斯的善用心计的女儿，求求你，女神啊，别再用痛苦和忧愁折磨我的心！"字里行间坦率直接，仿佛女孩子之间的亲昵对话。因为诗人所渴求是一位不知名的女子的爱，便引发后人猜疑萨福有同性恋之嫌。实际上，她爱的是谁并不重要，重要的是萨福能够像阿佛洛狄特那样不掩饰自己的欲望，可以自由自在、无惧无畏地倾听自己内心的呼唤。

　　世界文豪莎士比亚的叙事长诗《维纳斯与阿多尼斯》描述的是英俊潇洒的凡人阿多尼斯不懂爱情，但维纳斯深深爱上了他的故事。为获得心上人的爱，维纳斯不得不使用法术、泪水，甚至装死等手段。这首诗在咏叹爱情无常的同时，塑造了一位热情奔放、勇敢追求所爱的女子。

阿佛洛狄忒一出生就美艳绝伦，爱是她的本能。波提切利画笔下的阿佛洛狄忒完美无瑕却有一头红发，表明她反叛的个性，正如阿佛洛狄忒挑战至高无上的父权，反抗被安排的婚姻。阿佛洛狄忒率性真诚，爱情不停，追求不止，因此，她成为艺术大师们的缪斯。古希腊女诗人萨福步她后尘，继续用美丽和勇敢谱写爱情之歌。莎翁也不吝文字，塑造了独具一格的女神。古往今来，无论是女神还是凡间女子，这样的人生从来都是独立女性的梦想。

赫拉克勒斯，大力神的苦差事

Chapter 5

我不久前去爱丁堡郊外的霍普顿庄园参观，
被圆形楼梯四周的壁画惊艳到了。
它们出自 17 世纪荷兰画师
菲利普·蒂德曼之手，
描绘了大力神赫拉克勒斯在特洛伊的场景。
2022 年夏天，
我又在佛罗伦萨的佣兵凉廊看到
文艺复兴后期雕塑家詹博洛尼亚创作的
《大力神和半人马》的雕像（图 1）。
赫拉克勒斯力大无比，
解救了普罗米修斯，
最后升天成为奥林匹斯众神的一员。
赫拉克勒斯，
也就是罗马神话中的赫丘利，
对西方文化影响巨大。

鲁本斯钟爱 大力神 1

　　位于比利时安特卫普的鲁本斯故居，是这位画家最钟爱的住宅。他一生中的大部分时间都在这里度过。故居内陈列着多座赫拉克勒斯的雕塑。显然，赫拉克勒斯是鲁本斯的宠儿。这一点还体现在鲁本斯的油画创作中，他画了无数幅以赫拉克勒斯为主题的油画。

　　赫拉克勒斯是宙斯与凡间女子的孩子，生来就被天后赫拉排斥，天后作梗，让他杀死了自己的妻子和孩子。但他没有一蹶不振，而是甘愿受罚，历经十二项苦差赎罪。他的第一项苦差是为欧律斯透斯国王找来涅墨亚巨狮的兽

❶ 詹博洛尼亚创作的《大力神和半人马》雕像（摄影：崔莹）

皮。鲁本斯的作品《赫拉克勒斯和涅墨亚狮子》（图2）画的正是这件事。画中，赫拉克勒斯和涅墨亚巨狮正在搏斗，赫拉克勒斯的左脚踩在一只老虎身上，双手竭力遏住狮子的头，任凭狮子的利爪刺进自己的皮肤。赫拉克勒斯最终获胜，将狮皮制作成披风披在肩上，后来狮皮成了赫拉克勒斯的标志。在很多古希腊瓶画或雕塑中，人们能够很容易识别出大力神，原因就是他披着狮皮。

鲁本斯的油画《赫拉克勒斯杀死赫斯珀里得斯花园的龙》（图3）呈现的是赫拉克勒斯斩杀恶龙的场景，这是大力神的另一项苦差——杀死护卫花园的龙，摘取能让人获得永生的金苹果。《赫拉克勒斯和地狱犬》（图4）也是鲁本斯画的苦差主题的作品。画中，大力神和守卫冥界的地狱犬刻耳柏洛斯争斗。赫拉克勒斯不仅能下地狱并平安归来，还成功带回了地狱犬。

和前几幅作品大相径庭的是，在《喝醉酒的赫拉克勒斯》（图5）中，鲁本斯把这位希腊神话中的第一英雄画成了一个醉醺醺的胖汉子。

此刻，大力神失去了艺术家们通常赋予他的英雄气概。不过，这幅画恰恰体现了鲁本斯固有的风格。他的作品色彩鲜艳，充满活力和动感，并将佛兰德

❷ 鲁本斯《赫拉克勒斯和涅墨亚狮子》

❸ 鲁本斯 《赫拉克勒斯杀死赫斯珀里得斯花园的龙》

❹ 鲁本斯 《赫拉克勒斯和地狱犬》

画派的现实主义风格与意大利文艺复兴时期的古典主义特征相结合。

鲁本斯的画作《赫拉克勒斯的狗发现了紫色》（图6）描述了古希腊紫色染料的由来。传说赫拉克勒斯打算向仙女泰罗求爱。他带着狗去找她，正沿着海边走时，狗突然咬了一只海螺，狗嘴被海螺血染成了紫色。后来，泰罗

❺ 鲁本斯《喝醉酒的赫拉克勒斯》

很喜欢这种紫色，并要赫拉克勒斯送她一件同颜色的长袍。这种紫色就是传说中的推罗紫。

　　鲁本斯工作室创作了油画《赫拉克勒斯和翁法勒》（图7），这幅画呈现的是赫拉克勒斯给一位叫翁法勒的女王当奴隶的故事。鲁本斯和他的助手们带着对大力神的钟爱，讲述着他的故事。

画中的赫拉克勒斯没有在英
勇搏斗,而是借酒放纵,不
能自已。

他那强壮的身体靠在萨蒂尔身上,而萨蒂尔原
是酒神的随从。

❻ 鲁本斯《赫拉克勒斯的狗发现了紫色》

❼ 鲁本斯工作室《赫拉克勒斯和翁法勒》

2 《赫拉克勒斯升天》 很常见

　　在欧洲艺术界，"赫拉克勒斯升天"是艺术家们经常表现的主题，常见于天顶绘画。其中，最著名的一幅绘于凡尔赛宫。凡尔赛宫殿主楼二层东北角与北翼的连接处是赫拉克勒斯厅，得名于厅内天顶画《赫拉克勒斯升天》（图8）。此厅面积达370平方米，是所有厅中最大的。

　　这幅巨大的天顶画是法国洛可可风格画师弗朗索瓦·勒莫因的作品。勒莫因一度被认为是17世纪法国宫廷画家，被路易十四称为"有史以来法国最伟大的艺术家"的画师夏尔·勒布伦的衣钵传人。勒布伦为凡尔赛宫画了大量壁画和天顶画，原本将《赫拉克勒斯升天》定为镜厅的天顶画，但后来改变主意，选择了体现路易十四赫赫战功的画作。半个多世纪后，比勒布伦小69岁的勒莫因重拾这个被前辈放弃的主题，希望以此和前辈装饰的镜厅相媲美。

　　1736年，在耗时3年之后，勒莫因几乎凭一己之力，完成了这幅480平方米的天顶画。画中包含的人物形象不少于142人，描绘的是天神宙斯、天后赫拉和女儿希比在奥林匹亚山一起迎接英雄赫拉克勒斯的场景。英勇无畏的赫拉克勒斯屹立在战车之上，接受宙斯的祝福，这是他由凡人升天为神的重要时刻。画中诸神包括战神玛尔斯、海神波塞冬、黎明女神欧荷伊和彩虹女神伊利斯等。整幅画气势磅礴，蔚为壮观。然而，这幅画作并非直接画到天顶上，而是先画在画布上，再将画布贴到天顶上。这种创作方法饱受争议。遗憾的是，勒莫因在完成这幅巨作的6个月后，自杀身亡。

❽ 凡尔赛宫赫拉克勒斯厅天顶画《赫拉克勒斯升天》
（来源：Wikimedia Commons）

　　艺术史上，另一幅同样重要的《赫拉克勒斯升天》出自艺术家詹多梅尼科·提埃波罗之手。这幅作品由提埃波罗和父亲共同为西班牙国王查尔斯三世创作，目前收藏于西班牙的提森·博内米萨博物馆。画的中心人物是赫拉克勒斯，他坐在由4个半人马牵引的战车里，身披狮皮披风，手中握着象征大力神的棍棒。赫拉克勒斯注视着半人马涅索斯，一个带翅膀的仙女正将花冠戴到赫拉克勒斯的头上。英雄的随从中有一位是菲墨女神，她是名誉的化身，她吹着喇叭，向世人宣布这个重要的信息。画中有赫拉克勒斯之柱，上面刻着铭文"Non Plus Ultra"，意为"此处之外，再无一物"，表示这里是世界的尽头。这个柱子象征赫拉克勒斯的第十项苦差，即牵回巨人革律翁的牛群。革律翁住在大地的最西端，赫拉克勒斯抵达后发现那里有一个极窄的海峡，于是，他在海峡两岸竖起两根巨大的石柱，这也是直布罗陀海峡的由来。这幅作品用赫拉克勒斯象征当时的执政者，歌颂西班牙的君主统治。这幅充满政治寓意的油画在当时非常罕见。

3 文学创作的 源泉

2000 多年来，赫拉克勒斯的故事给很多作家、剧作家和诗人带来灵感。早在公元前 6 世纪，古希腊作家赫西俄德就创作了长篇叙事诗《赫拉克勒斯之盾》，对大力神的盾牌进行了出神入化、空前绝后的描写。但也有人认为该诗篇是经由无数行吟诗人反复修订后完成的。古希腊悲剧作家欧里庇得斯以赫拉克勒斯为题材，创作了《赫拉克勒斯的儿女》和《疯狂的赫拉克勒斯》，前者歌颂雅典人民舍己救人，后者揭示因王后赫拉的忌妒而导致的悲剧。

莎士比亚也对大力神情有独钟。他在《哈姆雷特》中几次以哈姆雷特的口吻提到赫拉克勒斯。比如，哈姆雷特表示："让赫拉克勒斯做他想做的事情，猫会喵喵叫，狗也会有走运的那一天。""可是他一点不像我的父亲，正像我一点不像赫拉克勒斯一样。"1599 年，莎士比亚创建的环球剧场的招牌上画的正是古希腊英雄赫拉克勒斯。他用双手托着地球，下方用拉丁文写道：全世界都是剧场。如今，环球剧场的柱子也以大力神命名。这些"赫拉克勒斯之柱"均以 400 多年历史的橡树木手工雕制而成。托马斯·莫拉雷斯是西班牙裔诗人，他对大力神的喜爱体现在他的著作《大力神的玫瑰》中。

美国旅行作家保罗·索鲁也同样迷恋于赫拉克勒斯的传说。他从直布罗陀的"赫拉克勒斯之柱"出发，绕着地中海旅行一周，最终抵达数英里之外的另一根"赫拉克勒斯之柱"。这一旅程长达一年半，其间他以汽车、火车或轮渡为交通工具，走冷僻路径，体验当地人的生活。他将这一路的经历写成了《赫拉克勒斯之柱》。

赫拉克勒斯坚强勇敢，百折不挠，忍受了命运赋予他的所有苦难，即使升天成神后，依然是一名勇敢的战士，继续惩恶扬善。鲁本斯的画作让赫拉克勒斯的传说流传更广了，《赫拉克勒斯升天》的盛景揭示不屈的抗争终会有回报，受赫拉克勒斯影响的文学作品也不胜枚举。这位英雄的故事启示世人：生命之花只在不懈的奋斗中绚丽绽放，只要不屈服于命运，拥有勇敢和坚强的心灵，必定会拥有希望。

Chapter. 6

阿瑞斯，臣服于爱情

当人们对希腊女战神雅典娜
表达各种敬佩和崇拜时，
对男战神阿瑞斯却敬而远之。
阿瑞斯嗜血好杀，
没有是非观念，
《荷马史诗》称他是"人类的灾星，
人类的祸害"，"两边倒"，
连他的父母宙斯和赫拉也嫌弃他。
在古希腊境内阿瑞斯的神庙也只有一个，
他最正面的形象大概只出现在和
爱神阿佛洛狄忒相处的画作中。
阿瑞斯，
也就是罗马神话中的战神玛尔斯，
他是冲动的莽汉，
还是爱情的奴隶？
是杀人魔王，
还是痴情种？

永远打不过女战神

奥地利维也纳美泉宫的花园里有 30 多座大理石雕塑，大部分和希腊神话、罗马神话有关。它们创作于 1773—1780 年，是德国雕塑家威廉·拜尔的作品。《阿瑞斯和雅典娜》便是其中之一。这座雕塑展现的是阿瑞斯正要拔剑，而雅典娜按住他的手臂阻止他的场景。阿瑞斯冲动草率，幸好有聪明智慧的姐姐雅典娜时常给他"灭火"。

雅典娜和阿瑞斯都是希腊神话中的战神，但两人性格截然不同。阿瑞斯永远渴望战争和杀戮，做事不假思索，而雅典娜爱好和平，只为正义而战。阿瑞斯头脑简单，有勇无谋；而雅典娜不仅善良，而且足智多谋。英国维多利亚时期作家约翰·罗斯金在其随笔集《女王的空气》中评价阿瑞斯具有"野蛮的肌肉力量"，而雅典娜所具有的是"敏捷的穿越纯净的空气的年轻生命之力量"。

这对姐弟是死对头。在特洛伊战争中，阿瑞斯帮着特洛伊人与希腊人作战，而雅典娜则站在希腊人那边。艺术家们经常创作以两人打斗为题材的作品。圣彼得堡的冬宫博物馆收藏有一幅 17 世纪的油画《弥涅尔瓦和赫拉克勒斯驱逐玛尔斯》（图 1），画的便是弥涅尔瓦（雅典娜）和大力神联手对付玛尔斯（阿瑞斯）的场景。画中，玛尔斯一脸诧异，而弥涅尔瓦眼神犀利，显然，弥涅尔瓦占据上风。这幅画的作者小维克多·沃尔夫伏特来自佛兰德，是鲁本斯的坚定追随者，其画风深受保罗·鲁本斯的影响。

卢浮宫收藏的油画《弥涅尔瓦大战玛尔斯》（图2）是法国新古典主义画师雅克·路易·大卫1771年的作品。画中，弥涅尔瓦一副旗开得胜的表情，战败的玛尔斯颓废地坐在地上，他伸出左手，似乎并不打算善罢甘休，画的背景中尸横遍野。战争被一些人视为强大、有力量的象征，该画作启发人们重新思考战争的意义，以及战争给人类带来的影响。这幅画也是大卫参加罗马大奖的作品，画师们围绕主题《伊利亚特》创作的画。

　　雅典娜曾联手狄俄尼索斯刺伤阿瑞斯，她本人也经常轻而易举就能打败他。只要雅典娜一出现，阿瑞斯必败无疑。在和雅典娜同框出现的作品里，阿瑞斯少有人们想象中的一往无前、所向披靡的战神风范。

❶ 小维克多·沃尔夫伏特
《弥涅尔瓦和赫拉克勒斯驱逐玛尔斯》

❷ 雅克·路易·大卫
《弥涅尔瓦大战玛尔斯》

爱神让他卸掉盔甲 2

　　自古英雄配美人，战神阿瑞斯和爱神阿佛洛狄忒（罗马神话中的维纳斯）的爱情被传为佳话。阿佛洛狄忒能够接纳并包容阿瑞斯的不完美，阿瑞斯也心甘情愿地沉沦在阿佛洛狄忒的温柔乡里。阿瑞斯也并非一无是处，他年轻英俊，身材魁梧，富有阳刚之气，而他的莽撞在情人眼中也只不过是直率纯真、激情洋溢的表现。阿佛洛狄忒为战神生下了三子一女，其中包括小爱神厄罗斯（罗马神话中的丘比特）。实际上，阿佛洛狄忒是火神赫菲斯托斯的妻子，而阿瑞斯也有自己的伴侣。古往今来，他们这段爱情一直都是艺术家们酷爱表现的主题。

　　英国国家美术馆第 58 展室挂着油画《维纳斯和玛尔斯》（图 3），它是桑德罗·波提切利于 1485 年创作的作品，也是西方艺术史上关于两人爱情故事的经典之作。这幅画展现了理想中的男女情欲之爱，传达的信息也很清楚：爱情战胜了战争。

　　文艺复兴时期的思想家马西里奥·菲奇诺评价这幅画："让男人显得更强壮……维纳斯主宰了玛尔斯，但是玛尔斯从未主宰过维纳斯。"英国维多利亚时期的历史学家约翰·阿丁顿·西蒙德斯却不这样认为，他认为"维纳斯表情冷漠……和她那打着鼾的情人相对，似乎象征女子不得不忍受年少气盛、傲慢无礼的男子的侮辱"。

　　大概受波提切利这幅画的启发，意大利画师皮耶罗·迪·科西莫画了一幅类似的作品《维纳斯、玛尔斯和丘比特》（图 4）。在他的画笔下，战神也

❸ 桑德罗·波提切利《维纳斯和玛尔斯》

几个淘气的半人半羊怪兽在玩他的盔甲和武器，甚至往他的耳朵里吹气，也没能把他唤醒。

　　躺在那里呼呼大睡，维纳斯同样醒着，不过，与波提切利的画的最大区别是，这回，维纳斯和战神一样，大部分身体裸露。此外，维纳斯在和儿子丘比特玩耍，象征和平的鸽子停在战神的身旁，远处是在玩战神的武器的萨蒂尔。这幅画的主题也是爱情战胜了战争。

　　在意大利文艺复兴画家提香1530年的作品《战神、维纳斯和丘比特》（图5）中，卸掉盔甲的战神侧身深吻维纳斯，赤裸的维纳斯爱抚着战神的头，她的脸颊泛着红晕，沉醉在情人的臂弯里，丘比特在两人上空盘旋。画的背景是阴郁笼罩的乡间。相比之下，战神是该画的配角，但依然可以

画的右侧，赤身裸体的玛尔斯在熟睡。

画的左侧，身着素洁长裙的维纳斯正镇定自若地坐着，
并警惕地注视着远方。

❹ 皮耶罗·迪·科西莫《维纳斯、玛尔斯和丘比特》

❺ 提香
《战神、维纳斯和丘比特》

❻ 保罗·委罗内塞
《维纳斯、玛尔斯和丘比特》

看出他那张俊美的脸庞和健壮的体格。提香的弟子保罗·委罗内塞也画了一幅《维纳斯、玛尔斯和丘比特》（图6）的油画。画中，维纳斯被玛尔斯拥在怀里，并安慰着被一只小狗吓坏了的丘比特，他还画了同主题作品《玛尔斯和维纳斯因爱而在一起》（图7）。

历代表现爱神和战神恩爱的画作数不胜数，比如法国画家雅克·路易·大卫的《维纳斯让玛尔斯卸下盔甲》（图8），法国画家尼古拉斯·普桑的《玛尔斯和维纳斯》（图9）和意大利画家弗朗切斯科·曼奇尼画的《维纳斯、玛尔斯和丘比特》（图10）等。按说应该在作战方面有所建树的男神，却以痴情男人的形象名留青史，这也算是一件耐人寻味的事呢。

❼ 保罗·委罗内塞
《玛尔斯和维纳斯因爱而在一起》

❽ 雅克·路易·大卫
《维纳斯让玛尔斯卸下盔甲》

❾ 尼古拉斯·普桑
《玛尔斯和维纳斯》

❿ 弗朗切斯科·曼奇尼
《维纳斯、玛尔斯和丘比特》

3 被爱神丈夫撒网扣住

　　迷人的爱情总是带着危险的刺激，战神和爱神的爱情也并非总令他们如意。在意大利帕多瓦 Emo Capodilista 宫殿内有一幅壁画（图 11），描绘了正情意绵绵的阿佛洛狄忒和阿瑞斯被一张网缓缓扣住，这幅壁画是 18 世纪意大利画师科斯坦蒂诺·塞蒂尼的作品。画中的网可不是什么爱情之网，而是阿佛洛狄忒的丈夫火神赫菲斯托斯打造的用来捉奸的网。

　　话说因为父母的包办婚姻，阿佛洛狄忒嫁给了面貌丑陋、外加残疾的火神赫菲斯托斯，她自然不甘心，所以才出轨帅气的阿瑞斯。但希腊神的世界实行一夫一妻制，即使两人爱得再理直气壮，也有悖情理。并且，赫菲斯托斯也不是吃素的。他从太阳神那里得知这个情况后，马上决定羞辱妻子和她的情人。他火速打造了一张坚韧的网，并在网上施了魔法，趁两人偷情不备时将他们网住。之后，他喊来众神给他主持公道。

　　塞蒂尼的这幅壁画清爽亮丽，将两人不光彩的经历进行了浪漫化的呈现，拽着网的小天使们表情甜美，似乎正在偷偷地乐。在当时的欧洲，爱情被认为是上层阶级的产物，是一种奢侈品，甚至有一种观点认为已婚男女之间不存在爱情，只有偷情才算是真正的爱情，这大概也是画师将捉奸现场画成了他心目中的乌托邦的原因。

　　法国 18 世纪画家亚历山大·夏尔·吉耶莫也用油画《玛尔斯和维纳斯对火神感到惊讶》（图 12）再现了当时的场景。画中，英俊的阿瑞斯拥抱着阿佛洛狄忒，阿瑞斯表情镇定，也有点不以为意，阿佛洛狄忒则难为情

❶ Emo Capodilista 宫殿内壁画
(来源: Wikimedia Commons)

⑫ 亚历山大·夏尔·吉耶莫
《玛尔斯和维纳斯对火神感到惊讶》

⑬ 弗朗索瓦·布歇
《玛尔斯和维纳斯对火神感到惊讶》（局部）

地用手遮着脸。蹲坐在旁边的赫菲斯托斯正掀开银网，一脸生无可恋。画的右上方是腾云驾雾赶来看热闹的众神。18世纪法国画家弗朗索瓦·布歇同样画了《玛尔斯和维纳斯对火神感到惊讶》（图13）。在他的画笔下，维纳斯正情意绵绵地拥着情人，而阿瑞斯和旁边的丘比特都一脸惊讶。

"火神的网"并没能拆散爱神和战神，却让战神的仆人阿勒克特里翁倒了大霉——战神和情人偷欢时，命他在外站岗，谁料他竟睡着了，两人的私情这才被一早出来巡逻的太阳神发现。为惩罚阿勒克特里翁，战神将他变成了一只公鸡，这样它永远不会忘记在太阳升起时打鸣报晓。在听见公鸡打鸣时，你会想到阿瑞斯和阿佛洛狄忒的故事吗？

从古至今，战火无所不至，战争从未在世界上消失。在雅典娜面前，阿瑞斯是一个糟糕的战神，然而，无论是雅典娜支持的正义之战，还是阿瑞斯参与的非正义之战，都会给人们带来深重的灾难。如何避免战争？唯有爱。爱情让阿瑞斯卸下盔甲，放下武器，他和情人相拥时，世界和平。我不禁想起那句 20 世纪 60 年代开始流行，至今依然著名的反战口号："要爱情，不要战争。"

雅典娜，

智慧的
"花木兰"

Chapter 7

我曾经去过3次雅典，

每次都折服于这个城市史诗般的气质。

最难忘的是站在雅典的制高点

帕特农神庙俯瞰整个城市的美景。

这座神庙是献给智慧女神雅典娜的，

而雅典的名字便来自雅典娜。

传说，雅典娜战胜海神，

成为这座城市的保护神，

并以自己的名字为它命名。

后来，我又在维也纳美泉宫（图1）

再次与她"相遇"。

她身着铠甲，

左手掐腰，

右手靠在镶嵌了美杜莎头像的盾牌上，

英姿飒爽。

她和希腊英雄阿瑞斯旗鼓相当，

是希腊神中的"花木兰"。

女神诞生的瓶画盛行 1

　　雅典娜的诞生独具一格，据说是从宙斯头里蹦出来的。女神墨提斯怀上了宙斯的孩子，这件喜事让宙斯慌了，因为有人预言：若生女孩，女孩会像他那样勇敢智慧；若生男孩，男孩会推翻他的统治。为杜绝后患，宙斯就把墨提斯吞进了肚子。有一天，宙斯头疼难忍，让工匠神赫菲斯托斯把自己的头劈开，结果从头里蹦出来一个披着盔甲的女孩，她就是雅典娜。宙斯很快就喜欢上了这个女娃，雅典娜也经常为父亲出谋划策。

❶ 维也纳美泉宫花园的雅典娜雕像（摄影：崔莹）

古希腊人喜欢在陶器上画简单图案和动植物等，这类画被称为古希腊瓶画。公元前6世纪到公元前5世纪，古希腊瓶画进入黑绘式时期，主题图案是黑色，其他地方保持陶土的赤红本色。这一时期，"雅典娜的诞生"成为流行的瓶画故事。

众多博物馆收藏有这类瓶画。大英博物馆收藏的那幅瓶画等触细腻流畅，只见头疼的宙斯依然正襟危坐，他的宝座的两条腿细长高雅，呈典型的爱奥尼亚柱式风格。宝座很高，宙斯的脚踩在宝座的横梁上。他留着胡须，头上戴着月桂树枝叶的花环。个头小小的雅典娜从他的头上冒出来，正欲奔跑。赫菲斯托斯扛着斧子站在宙斯左边，一副惊讶的神色。宙斯的妻子赫拉表情也很惊讶。

美国大都会艺术博物馆收藏的瓶画则这样描绘雅典娜的诞生：雅典娜站在宙斯的大腿上；坐在小板凳上的宙斯凝视着女儿，慈眉善目，还带点欣喜。一脸稚气的雅典娜挥舞着长矛，玩得正开心。旁边的生育女神艾莉西雅和赫拉都微笑着。这幅画温馨和谐，充满浓浓父爱。卢浮宫收藏的同一主题的瓶画也呈现了众神的惊讶。身着战袍的雅典娜站在宙斯的头顶从容不迫，宙斯坐在宝座上，手拿霹雳。他的周围站着赫拉、赫菲斯托斯、波塞冬等众神，从他们微张的嘴可以看出他们的诧异。

弗吉尼亚艺术博物馆也有这样的瓶画：宙斯坐在宝座上，宝座两侧装饰有马的雕像。宙斯一手握皇家权杖，一手握霹雳。小雅典娜从他的头里冒出来。赫尔墨斯、赫拉、阿瑞斯和生育女神艾莉西雅见证了这一刻。赫拉像在质问丈夫："你怎么生出了孩子？"宙斯表情淡定，似乎还有点窃喜生出来的不是儿子。

这几幅瓶画画工不同，但它们的共同特点是拘谨、刻板、程式化。并且，这些瓶画都没有雅典娜的妈妈墨提斯。

鲁本斯画她
"丰乳丰臀"

如果说希腊瓶画上的雅典娜传统保守，那么，流传于世的画作中的雅典娜则风情万种。17世纪佛兰德斯画家彼得·保罗·鲁本斯曾多次画雅典娜，在他的画笔下，雅典娜时而睿智，时而蛮横，时而丰腴美貌，时而英勇无畏。

列支敦士登王室收藏有鲁本斯的画《战神阿瑞斯与瑞亚·西尔维亚》（图2），画中有雅典娜的雕像。这幅画呈现的是灶神庙里的一个场景。据古希腊传说，阿瑞斯被司灶女神维斯塔（即赫斯提）的女祭司西尔维亚吸引。画中，阿瑞斯摘下头盔，迫不及待要靠近西尔维亚，而西尔维亚一脸惶恐不安。西尔维亚看管的维斯塔永恒之火正在祭坛上燃烧，祭坛旁边立着雅典娜的雕像。显然，鲁本斯知道灶神庙里不会摆放维斯塔本人的雕像，而只有她的圣火和雅典娜的雕像。雅典娜爱好和平，和嗜血好战的战神阿瑞斯势不两立。雅典娜的出现增添了画面的紧迫感。

《雅典娜和阿拉克涅》（图3）是鲁本斯以奥维德的《变形记》为题材创作的，画的是雅典娜和阿拉克涅比赛编织的故事。雅典娜擅长编织，她听说凡间女子阿拉克涅织毯手艺超群，便向对方发起挑战。输了比赛的雅典娜很不服气，便以阿拉克涅对自己不敬为由惩罚她。这幅画是女神抽打阿拉克涅的场景。阿拉克涅上半身裸露着倒在地上，满脸委屈。据说，蛮横的女神最终将对手变成了蜘蛛。这幅画画中有画——墙上悬挂着提香的《掠夺欧罗巴》挂毯，暗示两人所比赛的内容就是织这个主题的挂毯。画中的雅典娜身着盔甲，看似正义凛然，但何尝不像一个任性习蛮的大小姐？

❷ 鲁本斯《战神阿瑞斯与瑞亚·西尔维亚》

❸ 鲁本斯《雅典娜和阿拉克涅》

　　《公主的教育》（图4）呈现的是一本正经的雅典娜。公主跪坐在雅典娜身前，将厚厚的一卷书放在雅典娜的腿上，正匆匆写着什么。公主由众神包围，左边依次是太阳神阿波罗、从天而降的是赫尔墨斯，背后是美惠三女神。这幅画是鲁本斯受法王亨利四世的妻子玛莉·梅迪奇之邀，为她的御所卢森堡宫绘制的系列作品中的一幅，体现在众天神的加持下，玛莉接受艺术、诗歌、哲学的教育，是德才兼备的王后。

　　鲁本斯的《帕里斯的评判》将包括雅典娜在内的古希腊三位美女画在了一起，主题是"选美"：

❹ 鲁本斯《公主的教育》

宙斯让特洛伊王子帕里斯决定赫拉、雅典娜和维纳斯谁最美，并将金苹果送给她。帕里斯经不起维纳斯给他最美的女子为妻的诱惑，将金苹果判给了维纳斯。他的这一抉择最终导致海伦被绑架，引发特洛伊战争。鲁本斯至少画过六个版本的《帕里斯的评判》。

　　画于 1636 年的《帕里斯的评判》（图6），最显眼的是三位裸女。这幅画唯美浪漫，像是一首田园诗歌。

　　相比而言，鲁本斯约 30 年前画的《帕里斯的评判》（图5）则更大胆暴露，令人瞠目结舌。放眼望去，画面上一片胴体。两位接近全裸的男神虎背熊腰、肌肉发达。三位女神丰腴健硕，凹凸有致。雅典娜侧向观者，展示着她的丰乳丰臀。因所处年代的审美喜好，鲁本斯画的女子多肥硕丰满，她们被称为"鲁本斯式女人"。

❺ 鲁本斯《帕里斯的评判》（1606 年）

❻ 鲁本斯《帕里斯的评判》（1636 年）

而丘比特似乎已经泄露秘密，
正将胜利的桂冠戴在维纳斯
的头上。

中间的美女是维纳斯，是鲁本
斯照着妻子海伦画的。

右侧是赫拉，她旁边的树上停落着
一只孔雀。

左侧是雅典娜，她的身旁放着头
盔盾牌。

赫耳墨斯手持金苹果，帕里斯
正托腮冥想谁是最美女神。

3 拒绝做妻子和母亲

　　除了智慧与战争女神，雅典娜又被誉为"蛇女神"和"明眸女神"。"明眸"指她的眼睛大，她经常被描写成"长着猫头鹰眼的女神"，她的圣物包括蛇与猫头鹰。雅典娜一生未嫁，也是一位贞洁女神。对希腊神话中的女神而言，或许只有不恋爱结婚，女神才能保持独立的人格，不受夫权束缚。根据荷马在《伊利亚特》中的描述，雅典娜是一个凶猛而残酷的战士。

　　然而，这位独立的女神算不算女权主义者？她有助于提升女性的地位吗？她是否是赋予女性权力的象征？她如何和男性相处？后代学者对此争论不休。

　　一尊雅典娜的青铜雕塑是心理学家西格蒙德·弗洛伊德最喜欢的东西，但这个"雅典娜"并未改变他对女性的歧视。他漠视墨提斯孕育雅典娜的过程，公然阐述"雅典娜没有母亲，是从父亲头里跳出来的"。他甚至将雅典娜盾牌上的美杜莎头像解读成女性生殖器的象征。

　　英国女性主义学者安伯·雅各布斯在著作《杀人论：神话、精神分析和母亲的法则》从女性主义视角审视雅典娜的故事，认为雅典娜的母亲墨提斯被错误地边缘化了。

　　有人指出雅典娜只是男人们的女神。她帮诸多希腊男英雄建立丰功伟业，比如帮伊阿宋获得金羊毛，帮珀尔修斯对抗女妖美杜莎，帮俄底修斯返回家园等，却从来不帮助女性，她仅有的帮助女性的举动是教女人编织和缝纫。在古希腊悲剧之父埃斯库罗斯的《欧墨尼德斯》中，雅典娜清楚地表明自己更喜欢男人，她说："我不是母亲生的，我全心全意地支持男性——除了与男性结合。"德国女性主义学者克里斯汀·唐宁为雅典娜开脱，她在著作《女神：女性的神话形象》中指出："我们可以更积极地诠释雅典娜：她代表这样一种观念，即女性可以和男性建立有意义的友谊，这种友谊以智力、友爱、共同目标、思想为纽带，并非所有男女关系都被断定为性关系。"

> 从古至今，雅典娜都在鼓舞世人：在英国，组建于1824年的雅典娜俱乐部颇受欢迎，许多文化界名人是它的会员；伦敦城市机场外矗立着一座全英最高的铜雕像，雕的正是雅典娜，她昂首挺胸，向天空召唤；伦敦滑铁卢车站的凯旋门上雕刻着雅典娜，寓意用她的智慧进行战后重建；连芭比娃娃制造商也推出了雅典娜造型的芭比娃娃。

雅典娜从一出生就预示了与众不同。她的一身戎装表明，她虽身为女子，但会竭力保护她的亲人和国家。她的勇敢和智慧吸引了后世众多艺术家。在鲁本斯的画笔下，她拥有了柔美的身姿、世俗的情欲，成为和其他漂亮女神一样的美女。不管雅典娜是否促进了男女平等，她的存在本身就是女性力量的证明。或许，她过于理性，不浪漫，她拒绝做妻子、母亲，缺少女性特有的人生体验……然而，不是所有女人都要过一样的日子。雅典娜选择了她的一生，坚强独立的一生。唯有拥有实力和智慧的女子，才有勇气选择这样的人生。

波塞冬，

力量和
柔情并存

希腊国家考古博物馆的镇馆之宝
阿尔特米西昂的青铜像（图 1）曾轰动一时。
那是一尊 2500 年前的青铜像，
1928 年打捞自希腊沿海。
铜像高约 3 米，
呈现的是一位鬈发、
蓄着长胡须的中年男子张开手臂，
正专注地投掷着什么。
有人认为他投的是雷霆杖，
有人认为他投的是三叉戟，
争执不休，
无法断定它是宙斯像还是波塞冬像。
后来，
我在佛罗伦萨的佣兵凉廊看到了
波塞冬的雕像（图 2 和图 3）。
他魁梧高大，
肌肉发达，
充满男性的张力。
波塞冬是宙斯的亲哥哥，
他俩长得像也合情合理。
人们对宙斯耳熟能详，
对波塞冬却不甚了解。
实际上，
波塞冬是海洋之主，
在荷马的颂歌中，
他是"船只的救世主"、
"马的驯服者"和"地球的撼动者"。

展现海神爱情的 马赛克画 1

古罗马艺术成就主要体现在建筑、绘画、雕塑和马赛克画等方面。我对其中的马赛克画情有独钟，曾前往西西里岛的卡萨尔的古罗马别墅、意大利庞贝古城、英国奇切斯特附近的费施伯恩别墅和塞浦路斯的帕福斯考古公园欣赏马赛克画。

❶ 希腊国家考古博物馆的阿尔特米西昂的青铜像
（来源：Wikimedia Commons）

❷ 佛罗伦萨佣兵凉廊的波塞冬和海豚的雕像
（摄影：崔莹）

❸ 佛罗伦萨佣兵凉廊的波塞冬和海豚的雕像（摄影：崔莹）

马赛克画中常有动物元素，其中各种各样的海豚格外吸引人。很多时候，海豚会和波塞冬一起出现。比如，英国多塞特郡博物馆就收藏有这样的马赛克画：波塞冬的头像居中，周围是海豚和鱼。波塞冬脾气暴躁，而海豚则代表宁静，二者相映成趣。

海豚是爱情的守护神，它为波塞冬赢得了爱情。波塞冬和海豚的故事脍炙人口。有一天，波塞冬寂寞难耐，大发雷霆，在海面搅起惊涛骇浪，让渔船损失惨重。海神波塞冬想，也许结婚有个伴就不孤单了。于是，他开始四处寻找妻子。途中，他遇到了美丽的涅里德·安菲特女神。安菲特有着金黄色的头发，碧蓝色的眼睛，正和朋友们在纳克索斯岛上翩翩起舞。波塞冬对安菲特一见钟情，向她求婚，但安菲特仓皇而逃，临走还痛斥波塞冬脾气暴躁、喜怒无常。波塞冬并没有被骂退，而是痴情不改，派海豚去劝说心上人。

海豚找到安菲特，告诉她：如果她和波塞冬结婚，波塞冬的所有坏脾气都会消失，海底世界会变得和平安宁，不会再有狂风大浪让渔夫们受伤。安菲特是个心肠很好的姑娘，她被这番话感动，同意和海神结婚。法国画家让·胡格·塔拉瓦尔的画作《安菲特里忒的胜利》呈现了海神派他的战车接回美人的场景（图4）。佛兰德斯画家小弗兰斯·弗兰肯的油画《海王和安菲特里忒》画的则是海王亲自接心爱的女人回家的盛况（图5）。庆幸的是，两人生活幸福美满，并有了两个女儿和一个儿子。波塞冬很感谢海豚的能言善辩，奖励它成为天上的海豚座。抬头仰望星空，海豚座是北天星空中那个比较小的星座，包括11颗较亮的恒星。

❹ 让·胡格·塔拉瓦尔《安菲特里忒的胜利》

❺ 小弗兰斯·弗兰肯《海王和安菲特里忒》

100 × 101

海神夫妇秀恩爱的画面经常出现在罗马时期的马赛克画中。卢浮宫收藏的一幅马赛克画描绘的是海神夫妇乘坐由四匹海马牵引的战车横渡大海的场景。海神夫人一只手搭在海神的肩膀上，一只手挽着他的胳膊，而海神手握三叉戟，含情脉脉。两人都带着金光闪闪的王冠，由一对展翅飞翔、拎着红色缎带的天使陪伴。此外，画中还有各式各样的鱼和海豚。

你若前往意大利赫库兰尼姆古城参观，记得要去"海神夫妇之屋"，在这间屋子的墙壁上有一幅海神夫妇的马赛克画（图6）。画中两人披着蓝色缎带，好像刚沐浴归来，海神深情地凝视着夫人，目光中充满了柔情蜜意。突尼斯巴尔杜国家博物馆也收藏有海神夫妇的马赛克画。有趣的是，在这些画中，海神和夫人身高差不多，甚至海神还比夫人矮点儿。传说海神是一个"身材高大，肌肉发达"的男子，而画中却呈现他和夫人难分高矮，这似乎在表明：古罗马时期男女平等，女性也没有被贴上瘦弱娇小的标签。

❻ 赫库兰尼姆古城海神夫妇的马赛克画
（来源：Wikimedia Commons）

贝尼尼塑造
海神掀海浪 2

　　去伦敦的维多利亚与阿尔伯特博物馆参观，一定不能错过意大利雕塑家吉安·洛伦佐·贝尼尼的雕塑《海神和他的儿子》（图 7）。这座大理石雕塑是贝尼尼于 1622—1623 年创作，是他的重要代表作之一。真人大小的海神波塞冬横跨在儿子身上，坚定地挥舞着三叉戟，表情凝重，一副势不可当的模样。这个三叉戟是独眼巨人送给他的，能掀起滔天巨浪，引发风暴和海啸。海神的头发和胡须被风吹起，斗篷的尾端也被风吹成了轻快的旋涡。他的儿子，也就是"海之信使"特里顿斯，正使劲地吹着海螺号角，任号角声传向四面八方。这组雕塑强健有力，充满气魄。

　　这组雕塑是吉安·洛伦佐·贝尼尼受意大利天主教红衣主教亚历山德罗·佩雷蒂委托，为后者在罗马蒙塔尔托别墅的花园打造的。它原本放在一座大型椭圆形池塘的中心，配有喷泉和瀑布。雕塑的灵感来源于罗马诗人奥维德的《变形记》中关于洪水的篇章。宙斯觉得人类罪不可赦，便召来海神制造洪水，要摧毁人类。海神随即把所有的河流都召集起来，掀起狂澜，并亲自上阵，用三叉戟撞击大地，为洪水开路。洪水势不可当，很快大地一片汪洋。《海神和他的儿子》雕塑在蒙塔尔托别墅里待了 160 多年，直到 1786 年被艺术品经销商托马斯·詹金斯买走。1950 年，该雕塑被维多利亚与阿尔伯特博物馆购买收藏。如今没有了水的映衬，人们只能在这组雕塑前，想象海神当年的威力。

　　贝尼尼是巴洛克艺术家中的佼佼者，他的雕塑中经常含有曲线和曲面，让作品富有动感，给人带来强烈的视觉和情感冲击，这种风格同文艺复兴时期所注重的宁静隽永迥然不同。

1737 年，法国艺术家兰伯特·西吉斯伯特·亚当在贝尼尼的影响下，创作了雕塑《海神让海浪平静》（图 8），该雕塑目前收藏于法国卢浮宫。这座雕塑刻画的同样是海神和他的儿子：海神踩在海螺上，他的儿子在他的胯下注视着他，此时，海神刚平息了海浪。这样的画面和贝尼尼创作的海神掀起惊涛骇浪的场景形成鲜明对比。贝尼尼塑造的海神充满野性，而亚当创作的海神却有着和米开朗琪罗创作的雕塑摩西类似的悲剧表情。

❼ 吉安·洛伦佐·贝尼尼创作的雕塑《海神和他的儿子》（来源：Wikimedia Commons）

❽ 兰伯特·西吉斯伯特·亚当创作的雕塑《海神让海浪平静》（来源：Wikimedia Commons）

海神的马
代表狂野的海洋

3

传说人类的第一匹马和波塞冬有关，他被视为掌管马匹的神。古希腊神话中，据说马是由波塞冬创造出来。有故事说波塞冬的母亲瑞亚故意把他变成了马，以阻止波塞冬被他的父亲吃掉（克洛诺斯曾受到诅咒——他的儿子会推翻他的统治，因此，他吞下了所有的儿子）；还有故事波塞冬用三叉戟击地，一匹马蹦了出来；也有故事说波塞冬睡着了，意外流出的精子变成了一匹马，不管怎样，这些故事都表明是他将马赐予人类。因此，波塞冬被视为马之父。

艺术家们热衷以波塞冬和马为主题进行创作。大都会博物馆收藏着一幅《海神的归来》（图9）油画。

这幅画绘于1754年，是美国画家约翰·辛格尔顿·科普利16岁时所画，科普利15岁时就显露出绘画天赋，这幅作品虽然和其后来成熟的肖像画不能同日而语，但表明了美国新英格兰海岸的艺术家和意大利艺术、地中海文化的联系。

英国维多利亚时期画家沃尔特·克莱恩的油画《海神的马》（图10）生动再现了海洋的力量。海神挥舞着三叉戟，驱赶着一群白马在海面上奔腾，气势磅礴，不可阻挡。克莱恩用柔和的蓝色和绿色画阴影，同时铺以一些白色阴影，这在某种程度上起到了衬托的作用，吸引人们关注画的中心和上部。海神看上去霸气威武，长长的白胡子与白马完美融合在一起。乍一看，白马似乎成了大海浪，这幅画就像是汹涌的海洋。三四十年后，

海神坐在由四匹马牵引的战车上，胜利而归。他被仙女和天使簇拥着，但他脸上并没有胜利的喜悦。

画中四匹马的眼神也各不相同。

❾ 约翰·辛格尔顿·科普利《海神的归来》

❿ 沃尔特·克莱恩《海神的马》

也就是在 1886 年前后，被誉为"英国的米开朗琪罗"的英国画家、雕塑家乔治·费德里科·沃茨也画了一幅名为《海神的马》（图 11）的油画，那幅画中没有海神，只有白马和海浪水乳交融，沃茨用桀骜不驯的马寓意狂野的大海。

在佛罗伦萨市中心随便走走，你一定会遇上好几个以"海神和马"为主题的喷泉。但有时，海神也会和海马同框。海马的前半身是马，后半身是鱼。维也纳美泉宫的群雕《海神喷泉》（图 12）中，就有海神的儿子特里顿斯驯服海马的雕塑。这组群雕修建于 1780 年的，堪称世界上最豪华的海神群雕之一。16—18 世纪，海神以王者风范横穿海面的主题雕塑非常流行，因为这象征了君主对其国家命运的把控。

⓫ 乔治·费德里科·沃茨
《海神的马》

⑫ 维也纳美泉宫的群雕《海神喷泉》（摄影：崔莹）

　　希腊神话中的波塞冬颇具野心，他曾想把宙斯赶下台，不过以失败告终。如今，他的威名和他的爱情故事可以在世界上的某个地方找到，它们在贝尼尼的雕塑中，在克莱恩的油画中，在美泉宫的海神喷泉里，在古罗马帝国留给后人的马赛克画中。

赫斯提亚，

甘于平凡的 炉灶女神

Chapter 9

每届奥运会，
奥运圣火都会引人关注。
圣火是奥林匹克运动最重要的标志，
它象征和平、光明、神圣、团结与友谊，
向普罗米修斯从宙斯手中偷来的火致敬，
也沿袭了赫斯提亚女神的炉火
长燃不熄的古老传统。
赫斯提亚是希腊神话中的炉灶女神，
也是家宅的保护神，
她一辈子未婚，
尽职尽责地守护家庭和城邦的平安。
赫斯提亚，
也就是罗马神话中的维斯塔，
留给世人珍贵的文化遗产。

市政厅里的公共炉灶 1

炉灶女神相当于中国的灶神。在中国民间，旧时，灶神供奉于厨房，是掌管一家饮食和祸福的神祇，同样，在西方文化中，炉灶女神是家庭生活的保护神，也保佑着厨师和磨坊工人。

在希腊语中，"赫斯提亚"一词的含义是"燃烧着火的壁炉"。在古希腊，炉灶是居家生活的中心。赫斯提亚保佑家宅的炉灶一直燃烧，象征家庭美满幸福。19 世纪法国历史学家努马·德尼·甫斯特尔·德·库朗日在《古代城邦》一书中指出，希腊语中"家庭"一词的含义就是"环绕圣火的人"。为祈求保佑，每逢重要节庆，希腊人一定会向赫斯提亚敬献供品，炉灶就是她的祭坛。人们往炉灶内添加木柴，相信火烧旺时炉灶女神就会降临。随后，人们将葡萄酒、牛奶、蜂蜜和肉类等供品投进炉灶，祈祷家人健康平安。

希腊人认为，炉火的生生不息象征着家族的世代相传。所以，他们祭祖不是在坟头，而是在灶前。他们认为祖先的亡灵会升到天上去，所以在希腊人家的炉灶上方通常会有一扇天窗。烟从这里冒出，烧掉的祭品也被认为送上了天堂。

后来，古希腊人对赫斯提亚的拜祭扩展到整个城邦，她也成为城邦的守护者。各个城邦会在市政厅建造一个共同的炉灶，那里的炉火要一直燃烧，城邦的领导者会在炉火周围举办宴会，接待异邦客人等。至此，对赫斯提亚的拜祭由家庭活动变成了宗教活动。古希腊人占领了新的地方，或到新的地方殖民，都会在那里修建公共炉灶，将这种仪式带过去。现代奥运会的火炬传递便含有这种仪式的影子。

　　时光飞逝，到了古罗马帝国，赫斯提亚被改名为维斯塔，古罗马人依然供奉维斯塔。罗马城建造了第一座灶神庙，即维斯塔神庙，神庙内的炉火更是被赋予了特殊的含义，它是罗马城与罗马帝国的炉火，罗马的繁荣与兴亡和这炉火息息相关，因此，神庙内的圣火须日夜不息，火种若熄灭，预示灾难即将降临。

灶神庙里的贞女们 2

赫斯提亚，即维斯塔，影响着城邦的命运，她的重要性可想而知，然而，她本人却很少出现在艺术作品中。这大概因为流传下来的关于她的故事极少，导致人们无从想象，但众多艺术家热衷绘画追随她的维斯塔贞女。

意大利画家亚历山德罗·马尔切西尼 1710 年的作品《献给一个新的维斯塔贞女》（图 1）画的是一群维斯塔贞女和众人簇拥在炉火前，他们似乎在热烈地交谈，炉火的烟雾缓缓上升，召唤来月亮女神阿耳忒弥斯。意大利画家塞巴斯蒂亚诺·里奇于 1723 年创作的油画《向维斯塔女神献祭》（图 2）所呈现出的老百姓热情虔诚的场面，似乎在暗示国家的富足与强大。

在佛兰德画家安东尼·舒恩詹斯的《维斯塔贞女》（图 3）中，六位女子聚在一起，画师通过装扮，呈现谁是贞女，谁是普通女子。

维斯塔贞女可不是一般的女子。根据古罗马作家普鲁塔克描述，维斯塔贞女学院由罗马第二任国王努玛·庞皮留斯创建，该学院是确保古罗马繁荣的重要机构，这些贞女的首要职责是照管维斯塔神庙内的圣火。庞皮留斯在位期间只有 2 个维斯塔贞女。塞尔维乌斯·图利乌斯统治期间，维斯塔贞女数量增加到 4 个，后来，又增加到 6 个。这些贞女是从贵族家庭中挑选出来，通常在 6—10 岁。她们的服务期限是 30 年，首先要学习 10 年，之后才能成为维斯塔贞女。服务期结束的贞女可以结婚，男人以娶她们为荣，但这在贞女们看来却并非幸事，因为她们已将自己最美好的时光奉献给了维斯塔女

❶ 亚历山德罗·马尔切西尼《献给一个新的维斯塔贞女》

一位维斯塔贞女守候在火炉前，
她一脸娇羞地凝视着地面。

❷ 塞巴斯蒂亚诺·里奇《向维斯塔女神献祭》

维斯塔贞女身后青烟袅袅。

周围则聚满姿态各异的前来
祭拜的老百姓。

神。很多贞女人老珠黄时宁愿孤独终老。

在人们的印象中，维斯塔贞女虔诚肃穆。不过，法国画家让·莱昂·杰罗姆画笔下的维斯塔贞女却令人大跌眼镜。他创作的油画《角斗士》（图4）呈现这样一幕：在血腥的角斗现场，大获全胜的角斗士右脚踩在战败者的喉咙上，抬头望着观众席，似乎在为是否杀死战败者寻求建议。观众席上坐着6位身穿白袍的维斯塔贞女，她们个个情绪高昂，拇指朝下，示意将战败者处死。显然，她们在呼唤鲜血和暴力，原本善良无辜的维斯塔贞女变得如此心狠手辣，不禁令人反感。但这也表明古罗马人对这类赛事的享受。

❸ 安东尼·舒恩詹斯《维斯塔贞女》

❹ 让·莱昂·杰罗姆《角斗士》

被英国女王和法国王后追捧

炉灶女神和维斯塔贞女对欧洲文化影响巨大，英国女王伊丽莎白一世和法国王后玛丽·安托瓦内特都和她们有密切的联系。

多铎王朝最后一位君主伊丽莎白女王一世是英格兰与爱尔兰的女王，也是名义上的法国女王。她右手按着地球仪的肖像画如数家珍，其实另外两幅她手持筛子的肖像画也同样令人印象深刻。其中一幅是英国宫廷御用画师乔治·高文于1579年绘制（图5），另一幅是弗兰德画师小昆廷·马赛斯于1583年绘制（图6），而后者更为著名。

身为一国之主的女王，为何手中拿着一个筛子？实际上，这个筛子就源于维斯塔贞女图西亚。贞女负责照管圣火，必须保持处女身，有时圣火不幸熄灭，她们的清白便会受到质疑。图西亚被人诬告不再是处女。庆幸的是，她借助奇迹证明了自己的清白：她用筛子盛满台伯河的水，端到维斯塔神庙，一路上一滴水也没有洒落。因此，这个筛子成为贞洁的象征，也代表着智慧和明辨。

伊丽莎白女王一世经常以贞洁和独立的坚强女性形象出现，而她在位期间的长治久安和她的这些特点分不开。女王手持筛子的肖像画将图西亚的胜利用在女王的身上，其中寓意再明显不过，用筛子隐喻女王的贞洁，用道德力量为她是这个国家的领袖寻求合理性，并彰显她保家护国的能力。此外，在小昆廷·马赛斯的作品中，筛子的上端写着一行字，意思是"好的落到地上，坏的留在马鞍上"。这似乎在表明品质高尚的，支持女王的人会被留下，而女

❺ 乔治·高文《伊丽莎白女王一世》　　　　❻ 小昆廷·马赛斯《伊丽莎白女王一世》

王的敌人终将会被抛弃。

　　法国波旁王朝末代君主路易十六的王后安托瓦内特也喜欢和炉灶女神沾边儿。在至少两幅作品中，她直接请画师把自己画成了炉灶女神或维斯塔贞女。其中一幅曾摆放在法国王宫杜伊勒里宫。画中，安托瓦内特王后装扮成炉灶女神的模样，从容不迫地站在神庙柱子旁边，身前是一只天蓝色的花瓶，上面镶嵌着丈夫的侧影头像。花瓶中的百合花象征法国和纯洁，桌子上摆放着的玫瑰象征美丽和王后的出生地奥地利。在另一幅 18 世纪法国画师弗雷德里克·沙尔绘制的肖像画中，年轻的王后以维斯塔贞女的形象出现，寓意她是法国人民的守护神。然而，愿望和事实相悖，法国大革命爆发后，安托瓦内特最终被送上了断头台。

普通女孩也愿意被画成贞女,
体现自己的纯洁和高贵。瑞士新
古典主义女画师玛丽亚·安娜·安
吉丽卡·考夫曼的《被画成维斯
塔贞女的女子肖像》(图7)和法
国女画师玛丽·吉耶曼·伯努瓦的
《把朱迪塔-帕斯塔画成维斯塔贞
女的肖像画》(图8)都是这样的
作品。

在古希腊和古罗马,炉灶女神是
民众最常召唤、求保佑的女神,在古
罗马家庭崇拜的背景之下,她更是一
位非常重要的女神。然而,无论是艺
术家、作家还是诗人,对她的呈现和
评价都相对较少,而对追随她的维斯
塔贞女却用足了笔墨。

这种简单、平和、低调的人生,
没有婚姻、没有冒险,大概也是炉灶
女神想要的。她将毕生精力用于保护
他人,保佑家族永续和家庭的温馨与
睦。尽管她平淡如水,但她的无私付
出和无私奉献的精神,值得世人敬重
和传颂。

❼ 玛丽亚·安娜·安吉丽卡·考夫曼《被
画成维斯塔贞女的女子肖像》

❽ 玛丽·吉耶曼·伯努瓦《把朱迪塔-帕
斯塔画成维斯塔贞女的肖像画》

酒神狄俄尼索斯，最接地气的神

Chapter 10

《达·芬奇密码》中出现的
罗斯林教堂内有一神秘"绿人"（图1），
是被植物包围、口吐枝叶的石雕头像。
据统计，
这座建于15世纪的教堂
里里外外总共有100多个这样的绿人。
绿人也是苏格兰中世纪石雕、
木雕作品中常见的形象。
这个形象既源于凯尔特神话，
也受到希腊神话中的酒神狄俄尼索斯的影响。
狄俄尼索斯，
即罗马神话中的酒神和植物神巴克科斯，
对后世影响可见一斑。

米开朗琪罗塑造 "经典酒神"

　　狄俄尼索斯命运坎坷，传说他是宙斯和凡间女子塞墨勒的私生子。他出生前，其母意外身亡，宙斯把他藏进自己的大腿里，直到他平安出生。但天后不肯放过这个孩子，宙斯只好委托墨丘利将他交给宁芙仙女们照顾。狄俄尼索斯向来是欧洲艺术家们热衷的题材。18世纪法国画师

❶ 罗斯林教堂内的"绿人"石雕
（来源：Wikimedia Commons）

❷ 弗朗索瓦·布歇
《墨丘利将婴儿巴克科斯委托给宁芙仙女》

❸ 亚伯拉罕·范·库伦柏
《风景画中的巴克科斯和仙女》

弗朗索瓦·布歇的画作《墨丘利将婴儿巴克科斯委托给宁芙仙女》（图2）呈现了狄俄尼索斯的童年快快乐乐、无忧无虑。荷兰风景画家亚伯拉罕·范·库伦柏的《风景画中的巴克科斯和仙女》（图3）描绘的是狄俄尼索斯在大自然中成长的情景。画中的狄俄尼索斯圆圆胖胖，开心地和仙女姐姐们玩耍。传说，年轻的狄俄尼索斯发现了蜂蜜，意大利画家皮耶罗·迪·科西莫便根据这个故事创作了《巴克科斯发现蜂蜜》（图4）。后来，狄俄尼索斯又从森林之神那里学会了酿酒。自此，酒神流浪到哪里，就把采集蜂蜜和酿酒的方法带到哪里。每逢葡萄藤发

芽和葡萄丰收的时节，古希腊人都要祭祀酒神狄俄尼索斯。人们在这个
节日中可以纵情享乐。

　　在英国国家美术馆，可以看到提香的《酒神巴克科斯和阿里阿德涅》
（图5），这幅画中，酒神和少女阿里阿德涅一见钟情，而在佛罗伦萨的巴
杰罗博物馆，我看到了酒神最经典的雕像（图6）。这座雕像由文艺复兴三
杰之一米开朗琪罗·博纳罗蒂于1497年创作，描绘的是酒神赤身裸体醉酒
的模样。该雕塑是米开朗琪罗受红衣主教兼雕像收藏家拉斐尔·雷利欧委
托创作的，但对方却拒绝埋单，大概因为酒神的样子太写实，或是太裸露。
好在米开朗琪罗的朋友、银行家雅各布·加里很喜欢它，将其买下摆放在
了自家花园里。

　　有学者指出，这座雕像远非只是一个醉醺醺的男人：他的左手拿着一

❹ 皮耶罗·迪·科西莫《巴克科斯发现蜂蜜》

张象征死亡的狮子皮和一串象征生命的葡萄，而站在他身后的半人半羊精灵萨提儿正在大口吃这串葡萄（图7）。这让人们意识到，生命和死亡相隔如此之近。并且，坦荡的酒神和藏在他背后的萨提儿也形成对比：每个人的背后都隐藏着一个顽皮的萨提儿精灵，在酒精作用下，人的非理性终究会因天性而暴露无遗。

这座雕像诞生30年后，一位荷兰画家在雅各布·加里的花园里用画笔对它进行了勾勒，他的画作显示当时的酒神雕像已经失去了拿着酒杯的手，阴茎也被凿掉。一些历史学家解释，破坏雕像的目的是让雕像看起来更古老，若在今天，这个理由定会无比牵强。有趣的是，多年后，酒神的手臂和酒杯失而复得，但仅此而已。英国诗人珀西·比希·雪莱曾来此参观，他评价：

"这个人看起来喝醉了，一副野蛮样儿，心胸狭隘。"不过，这番差评并没有影响米开朗琪罗后来的声名鹊起。

或许，这座酒神雕像的魅力不在于它的神性，而在于它的人性。虽然狄俄尼索斯是一位神，但他也充满人性恶习。当一个比真人更大的男人喝着酒，摇摇晃晃出现在人们眼前时，这景象看起来并不神圣，但很容易打动人们的心弦。

❻ 米开朗琪罗·博纳罗蒂的酒神雕像
（摄影：崔莹）

❼ 米开朗琪罗·博纳罗蒂的酒神雕像
（局部）（摄影：崔莹）

2 卡拉瓦乔画笔下的酒神

16 世纪末至 17 世纪初，意大利画家米开朗琪罗·梅里西·达·卡拉瓦乔以酒神为主题，画了两幅油画《生病中的年轻酒神》和《微醺的酒神巴克科斯》，他少有的、以古希腊神话为题材的画作。

《生病中的年轻酒神》（图 8）目前收藏于意大利的博尔盖塞美术馆，是卡拉瓦乔于 1593—1594 年所画。当时，卡拉瓦乔刚从米兰搬到罗马，不料身染重疾，在医院一住就是半年。在病魔的折磨下，他照着镜子画下了这幅自画像。

画中，一位男青年露着臂膀，披一件白袍，尽管他的臂膀肌肉发达，但看起来并不健康。他的皮肤发黄，嘴唇发紫，手中拿着一串葡萄，有几粒葡萄是烂掉的。人们很难将酒神意气风发的模样和这位病恹恹的男青年联系在一起。实际上，酒神手中的烂葡萄是死亡的象征，从酒神的肤色可以看出，他当时所患的疾病大概是疟疾。酒神的手指甲边缘脏兮兮的，脸上有着大眼袋，一点儿都不完美，画家让纵情欢乐的酒神体验人间疾病，让神变成了邋遢的平民。这幅作品用独特的画风挑战传统，是卡拉瓦乔的自嘲，更是他为自己的画技做的广告，因为这幅作品既展示了他在静物画和肖像画方面的精湛技艺，又体现出他在表现古希腊神话人物方面的能力。

10 多年后，卡拉瓦乔在艺术界已经颇具影响力，他又以酒神为主题，创作了《微醺的酒神巴克科斯》（图 9）。这幅油画目前收藏于意大利的乌菲兹美术馆，是其系列半身肖像画中的一幅，该系列的其余画作包括《捧

❽ 卡拉瓦乔《生病中的年轻酒神》

果篮的男孩》和《被蜥蜴咬伤的男孩》等。

画中的模特是卡拉瓦乔钟爱的学生马里奥·米尼蒂，两人关系不一般，这位学生也是卡拉瓦乔画《捧果篮的男孩》《占卜者》《鲁特琴演奏者》的模特。

这幅画中的几个细节耐人寻味：一是男孩手中的酒杯本身就散发着颓废气息；二是画中的肮脏枕头在提醒世人，灯红酒绿只是暂时的，爬满了虫子的袍才是真实的。除此之外，果盘里的水果开始腐烂，男孩头上的藤叶也变成褐色，这些元素象征生命的短暂和快乐的徒劳。这些细节让这幅作品充满了悲剧色彩。

《微醺的酒神巴克科斯》中的水果、树叶和酒杯栩栩如生。

画中的男孩表情慵懒，眼角带着微笑，他的一只手停落
在长袍的缎带上，好像将要宽衣解带。无论是男孩手持
酒杯的姿势，还是他的神情，都带着一丝暧昧。

❾ 卡拉瓦乔《微醺的酒神巴克科斯》

132 × 133

3 酒神启发尼采

尼采在《悲剧的诞生》中，用太阳神精神和酒神精神来指代希腊文化的两个核心原则。太阳神精神也就是阿波罗精神，酒神精神也就是狄俄尼索斯精神。太阳神精神是理性精神，而酒神精神和太阳神精神对立，是一种非理性、由本能驱动的精神。

尼采指出："要么受所有原始人和原始民族在赞美诗中谈到的麻醉性饮料的影响，要么在强有力的、欢快地渗透整个自然的春天临近时，那些狄俄尼索斯的冲动萌发了。随着它们的增长，主观的东西逐渐消减为完全的忘我。甚至在德国中世纪，在相同的狄俄尼索斯的威力下，越来越多的人群，从一个地方到另一个地方，又唱又跳"。

此时，醉酒是一种狂野的激情状态，痛苦与狂喜交织，将自我和他者之间的界限淡化、消失。秉承酒神精神，一切都是欢乐，连痛苦和毁灭也是欢乐，应该被当作审美快乐来享受。尼采总结："肯定生命，哪怕是在他最异样、最困难的问题上。生命意志在其最高类型的牺牲中，为自身的不可穷竭欢欣鼓舞——我称这为酒神精神。"

《悲剧的诞生》出版于1872年，尼采在该书中的观点受到他当时的好友、德国作曲家理查德·瓦格纳的影响。理查德·瓦格纳非常喜欢狄俄尼索斯，他在拜洛伊特建造的节日剧院被认为是对雅典的狄俄尼索斯剧场的致敬。如今，在雅典卫城南侧依然矗立着狄俄尼索斯剧场遗址。该剧场诞生之初，只用于祭祀酒神的节庆演出，希腊人将看戏视为"激情般的快乐"。

　　　酒神对尼采更直接的影响要源于一幅画。1870 年，尼采和比他大 31
岁的瓦格纳一起前往瓦格纳位于特里伯辛的别墅聊天，其中一间房子里就
悬挂着德国画家博纳文图拉·格内利的水彩画《缪斯中的酒神》，后人想象
当年两人就这幅画谈论了哪些话题，而这幅画又给了尼采怎样的启发，让
他最终完成著作《悲剧的诞生》。当然，尼采对酒神的热爱莫过于以"酒
神狄俄尼索斯的弟子"来称呼自己。

酒神狄俄尼索斯原本是狂欢与放荡的代名词，本该自由自在，为所欲为，
然而，在米开朗琪罗的手中，他变成了充满现实主义的醉汉；在卡拉瓦乔的
《生病中的年轻酒神》中，他被病魔和死亡笼罩，在《微醺的酒神巴克科斯》
中，他所面对的是稍纵即逝的享乐；在尼采的著作中，酒神精神被认为是痛
苦和狂喜交织的非理性。大概，具有了平民特质的神，才是更接地气的神，
而非理性才是生命的本色。纵情狂饮并不可怕，重要的是要热爱生命，肯定
生命，勇于摆脱束缚，不断实现自我和超越自我。

珀尔修斯，

斩妖英雄
被"反杀"

位于苏格兰西部的因弗雷里城堡
是一座新哥特式风格的城堡，
富有浪漫气息。
城堡花园里有一座珀尔修斯和
安德洛墨达相拥的石雕（图1）。
希腊神话中，
珀尔修斯斩杀美杜莎，
又拯救安德洛墨达。
英雄斩妖与救美的故事千古流传，
成为西方艺术家们取之不尽的灵感源泉。

斩杀女妖美杜莎：
充满象征意味的场景

1

很多人可能并不了解珀尔修斯，但对蛇发女妖美杜莎耳熟能详。美杜莎残酷无情，谁看她一眼谁就会变成石头。而杀死美杜莎的正是珀尔修斯。他在雅典娜和赫尔墨斯等神的帮助下，穿着有翅膀的飞鞋，戴着可以隐身的帽子，借助青铜盾的反光砍下了美杜莎的头颅。古往今来，在艺术家们的演绎下，珀尔修斯手拿美杜莎头颅的形象深入人心。

❶ 因弗雷里城堡内，珀尔修斯和安德洛墨达相拥的石雕（摄影：崔莹）

❷ 本维努托·切利尼创作的
《珀尔修斯和美杜莎的头颅》雕像（摄影：崔莹）

意大利雕塑家本维努托·切利尼的铜雕《珀尔修斯和美杜莎的头颅》矗立在意大利佛罗伦萨领主广场边上的佣兵凉廊里（图2）。切利尼是文艺复兴时期最伟大的雕塑家，这座铜雕是他1545—1554年的作品，受佛罗伦萨公爵科西莫一世·德·美第奇委托制作。在切利尼的塑造下，赤身裸体的珀尔修斯站在美杜莎的身上，低着头，右手拿刀，左手举着美杜莎的头颅，鲜血似乎正从美杜莎的脖子中喷涌而出。这座雕塑的独特之处是切利尼运用一块青铜铸造了整座复杂的雕塑，这是非常少见的。

　　这座雕塑在当时有着特殊的政治意义。16世纪中期，科西莫家族统治着佛罗伦萨，作品中的美杜莎象征反对这个家族的力量。整个作品意在警告：胆大妄为者将落得美杜莎一般的下场。这座铜雕的旁边摆放着赫拉克勒斯、大卫和波塞顿的大理石雕塑，恰好呼应了美杜莎可以让任何看她一眼的人变成石头的传说。

　　梵蒂冈博物馆收藏有意大利新古典主义雕塑家安东尼奥·卡诺瓦的大理石雕塑《珀尔修斯和美杜莎的头颅》（图3）。当年，卡诺瓦亲自完成这座雕塑，并将其卖给教皇庇护七世。自此，该雕塑一直落户梵蒂冈博物馆。在卡诺瓦活跃的年代，艺术家们崇尚古希腊美，认为只有塑造古希腊的人物形象才能成为伟大的艺术家。而卡诺瓦的这座雕塑既模仿了古代艺术，又融合了他自己的特点。卡诺瓦对这座雕塑颇为自得，没过几年，他就又创作了一座与其类似的雕塑，并赋予新雕塑更多的细节，旨在让作品具有更加强烈的抒情效果。这座雕塑目前被美国大都会艺术博物馆收藏。

西班牙艺术家萨尔瓦多·达利也创作了铜雕《珀尔修斯举着美杜莎头颅》（图4），这座铜雕前卫，充满怪诞色彩，人们可以在西班牙的海滨城市马尔韦利亚的街头找到它。

❸ 安东尼奥·卡诺瓦创作的《珀尔修斯和美杜莎的头颅》雕像
（来源：Wikimedia Commons）

近几年，另外一座珀尔修斯和美杜莎一起出现的雕塑被媒体广泛报道，不过，这座雕塑有些特别，不是珀尔修斯拿着美杜莎的头颅，而是美杜莎拿着珀尔修斯的头颅。这座雕塑是意大利艺术家卢西亚诺·加尔巴蒂2008年的作品，被视为女权主义的象征。它被安置在纽约刑事法庭（也就是审理好莱坞制片人韦恩斯坦性侵案的法庭）对面，象征性侵受害者抗争的胜利。在这座雕塑中，美杜莎右手提着珀尔修斯的头颅，并未举起，她目光怒视众人，誓要讨回公道一般。

杀海怪救公主：
永恒的"英雄救美" 2

珀尔修斯能斩女妖也能救公主。安德洛墨达是埃塞俄比亚公主，她的母亲夸她的美貌超过所有的海中神女。海神波塞冬之妻听到这个说法大发雷霆，要丈夫帮她出气。波塞冬遂派海怪刻托去摧毁埃塞俄比亚王国。国王惶恐不安，去求神谕，神谕说只有把公主献给海怪才能消灾，国王只得照做。此时，珀尔修斯恰好路过，他自告奋勇杀死海怪，救下公主，并娶她为妻。

那不勒斯国家考古博物馆陈列有一幅古罗马时期的珀尔修斯和安德洛墨达壁画（图5），这幅壁画来自庞贝古城，1900多年前画在一户富人家的墙壁上。画中安德洛墨达被锁在岩石上，右胸裸露，这表明她不属于那个时代，因为当时女性不可以袒胸露乳。珀尔修斯披着斗篷，但正面裸露，这是古罗马人描绘男性英雄特有的方式。画师把自己对古人的想象融入了壁画中：安德洛墨达的皮肤白嫩，而珀尔修斯的皮肤黝黑，因为在古希腊和古罗马，女性大部分时间都待在室内，而男性则主要在户外活动。

17世纪，佛兰德斯画家彼得·保罗·鲁本斯以珀尔修斯英雄救美的故事为主题，创作了多幅油画。绘于1640年的《珀尔修斯拯救安德洛墨达》（图6）是鲁本斯受西班牙国王腓力四世委托而画。画中人物尺寸超过真人，气宇轩昂。珀尔修斯身穿盔甲，披红袍，俨然像是中世纪骑士，他专注地凝视着安德洛墨达，并轻轻地将对方身上的绳索解下。他的眼睑下有一道亮色，似乎在暗示他见到美人的喜悦，而安德洛墨达的脸颊上泛着红晕，

露出羞赧的微笑。腓力四世命人将这幅画挂在国王大厅里，大概要用英雄的力量和才智激励自己。

鲁本斯创作的另一幅《珀尔修斯和安德洛墨达》（图7）呈现了类似的场景。画中珀尔修斯被三个小天使环绕，一个帮他托着盾牌，一个抱着他的头盔，而第三个小天使则牵着他的飞马。胜利女神正将王冠戴在英雄的头上。另外两个小天使帮着解掉缚在安德洛墨达身上的绳索。

16世纪，意大利文艺复兴时期画家提香·韦切利奥也画了《珀尔修斯和安德洛墨达》（图8），这幅画创作于1554—1556年，是提香为西班牙国王菲利普二世创作的名为"诗歌"系列神话主题画之一，目前收藏于英国的华莱士收藏馆。

❻ 鲁本斯《珀尔修斯拯救安德洛墨达》（1640 年）

❼ 鲁本斯《珀尔修斯和安德洛墨达》（1622 年）

144 × 145

❽ 提香《珀尔修斯和安德洛墨达》

画的右侧，珀尔修斯一手持刀，一手拿盾，向海怪袭去。

海怪张着血盆大口，似乎要把英雄吞掉。

画的左侧是被锁在海边悬崖上的安德洛墨达，她用期待的眼神望着珀尔修斯，并着红了脸，似乎和英雄一见钟情。

法国画家弗朗索瓦·勒穆瓦纳的《珀尔修斯和安德洛墨达》(图9)则充满浪漫主义色彩。英雄从天而降,似乎轻而易举就将美女救出。

　　此外,意大利文艺复兴时期画家保罗·委罗内塞根据老师提香的画作完成的《珀尔修斯和安德洛墨达》(图10)、意大利文艺复兴时期佛罗伦萨画家皮耶罗·迪·科西莫画的充满奇幻色彩的《珀尔修斯救出安德洛墨达》(图11),荷兰画家约阿希姆·维特维尔绘制的色彩绚丽的《珀尔修斯解救安德洛墨达》(图12),18世纪荷兰画家威廉·范·米耶里斯画的笔触细腻的《珀尔修斯和安德洛墨达》(图13)和18世纪德国画家安东·拉斐尔·门斯的充满新古典主义风格的《珀尔修斯解救安德洛墨达》(图14)都围绕相同的主题创作。

❾ 弗朗索瓦·勒穆瓦纳《珀尔修斯和安德洛墨达》

❿ 保罗·委罗内塞《珀尔修斯和安德洛墨达》

❶ 皮耶罗·迪·科西莫《珀尔修斯救出安德洛墨达》

❷ 约阿希姆·维特维尔
《珀尔修斯解救安德洛墨达》

❸ 威廉·范·米耶里斯
《珀尔修斯和安德洛墨达》

148 × 149

❹ 安东·拉斐尔·门斯《珀尔修斯解救安德洛墨达》

星空里的英仙、仙女与飞马 3

　　英国博物馆和景区的纪念品店，经常会出售一种飞马造型的小玩偶，这些飞马形态各异，五颜六色，它们或多或少都受到希腊神话中的飞马珀伽索斯的影响。珀伽索斯的诞生和珀尔修斯有着密切的关系。一种说法认为，当珀尔修斯砍掉美杜莎的头时，美杜莎的血流到海中，和海马混合，随后，一匹白色飞马一跃而出。另一种说法认为海神波塞冬是飞马的父亲，当美杜莎被斩首时，飞马和兄弟巨人克律萨俄耳一起，在母亲的血液中诞生。最常见的关于飞马来历的说法是，是女神雅典娜驯服了这匹飞马，并将它交给了珀尔修斯，助他和怪兽鏖战。

　　不管飞马如何而来，珀尔修斯骑飞马已成为英雄的经典形象，并催生了大量的艺术创作。莱斯特艺术博物馆收藏有 19 世纪英国画家弗雷德里克·莱顿爵士的油画《珀尔修斯骑着飞马，匆忙去拯救安德洛墨达》（图15）。画中，飞马昂首嘶鸣，珀尔修斯坚毅果断，举着右拳，似乎在"快马加拳"，这幅画充满气魄，同时又细腻唯美，体现了学院派的严谨与优雅。

　　乔万尼·巴蒂斯塔·提埃坡罗是意大利著名画家，他的创作充满想象力，《珀尔修斯和安德洛墨达骑在飞马上》（图16）便是其代表作，这幅画作没有按照奥维德《变形记》所描述的那样，让英雄穿着带翅膀的鞋去拯救公主，而是让英雄骑着飞马，一把将公主抱走。并且，他画的飞马也不是全白色，而是白色和红棕色相交。围绕飞马的是一群丘比特，他们在祝福英雄和美人陷入爱河。后来，这个场景中的大部分神话人物都变成了星

⑮ 弗雷德里克·莱顿爵士《珀尔修斯骑着飞马，匆忙去拯救安德洛墨达》

座，珀尔修斯变成了英仙座，安德洛墨达变成了仙女座，珀伽索斯变成了飞马座等。

　　美国艺术家约翰·辛格·萨金特以印象派画风著称，他的《骑在飞马上的珀尔修斯》（图17）吸收了当时印象派的创作手法，不再拘泥于细致完整的刻画人物细节，而是追求作品整体的灵动感。在这幅古典主题的画作中，他还大胆使用白色颜料来呈现画面的色彩和光影。

　　珀尔修斯英雄救美的故事对西方艺术创作产生了重要的影响。与此同时，"英雄斩妖女"的历史主题又在时代的演进中被赋予新的角度和解读。在现代女性看来：女性有无限的潜力，更有平视男性的权利。珀尔修斯可以斩首美杜莎，美杜莎同样可以反杀珀尔修斯。这或许也是一种平权思想的进步。

❶ 乔万尼 · 巴蒂斯塔 · 提埃坡罗《珀尔修斯和安德洛墨达骑在飞马上》

❶ 约翰 · 辛格 · 萨金特《骑在飞马上的珀尔修斯》

152 × 153

丰收女神德墨忒尔，让世间有了四季

很多人爱吃麦片，

也就是"谷物"（cereal），

鲜为人知的是，

"谷物"这个词在西方的来头可不小，

它的拉丁语 Ceres 源于罗马神话中的

农业、谷物和丰收女神"克瑞斯"（Ceres）。

而在著名的英国谚语

"没有温饱就难有甜蜜的爱情"

（Without Ceres and Bacchus, Venus grows cold）

中提到的克瑞斯，

也是这位女神。

克瑞斯，

对应希腊神话中的德墨忒尔，

她给大地带来富饶，

教人们耕种，

让人类自给自足。

有她就有谷物和瓜果 1

　　想到德墨忒尔和农作物有关，我不由得对她的形象产生了兴趣。她像淳朴善良的农妇，还是像庄严肃穆面目慈悲的仙女？古希腊诗人荷马在《伊利亚特》中将德墨忒尔描述为"金色头发"的女神，古希腊诗人赫西奥德在《神学》和《作品与时代》中描绘她"慷慨大方""被花环围绕""神圣"并"令人尊敬"。因为德墨忒尔是谷物女神，她的大多数形象都围绕这一角色展开。并且，同其他女神的美丽相比，她更以敦厚朴实著称。在一些画作中，德墨忒尔经常手捧一捆小麦，因为小麦是古希腊最主要的粮食作物，遂成为德墨忒尔最神圣的植物。我曾在苏格兰的"凡尔赛宫"德拉蒙德城堡的花园里"邂逅"谷物女神（图1），石刻浮雕中，她正怀抱一捆小麦。

德墨忒尔手中的农作物有时也会颇具地方特色，她也会手捧大麦等该地区最重要的谷物。除了谷物，罂粟花是代表德墨忒尔的花，因为它们通常长在麦田里。追随德墨忒尔的女祭司的头发或衣服上便会插着鲜艳的罂粟花。德墨忒尔还常与蛇、壁虎一起出现，因为这两种动物都可以在德墨忒尔保佑之下的田间岩石下找到。

　　美国国家美术馆收藏的法国洛可可风格画家让·安托万·瓦托的油画《克瑞斯（夏）》（图2）中就充满小麦的元素。画中，掌管夏天的谷物女神被画成年轻的金发女郎，她戴着罂粟和矢车菊编成的花冠，身穿白色绸缎长裙，披着蓬松的粉色披肩，坐在云层上挥舞着镰刀，她的周围是几捆小

❶ 苏格兰德拉蒙德城堡花园的谷物女神石刻浮雕（摄影：崔莹）

❷ 让·安托万·瓦托《克瑞斯（夏）》

麦。斯德哥尔摩宫廷画家格奥尔格·恩格尔哈德·施罗德也画过《克瑞斯》（图3），在他的画笔下，克瑞斯半裸着身体，披着蓝袍，她的头上插满麦穗，手中也拥着一大簇小麦。

德国画家汉斯·冯·亚琛将克瑞斯和酒神画在一起，完成油画《克瑞斯和巴克科斯》（图4），他用这种有吃有喝的情景呈现出最简单的美好。在佛兰德风俗画家扬·米尔的画作《克瑞斯、巴克科斯和维纳斯》（图5）中，维纳斯站在克瑞斯和酒神巴克科斯的后面，她温柔地凝视着巴克科斯，巴克科斯却含情脉脉地望着克瑞斯。克瑞斯的头上插着一把小麦，怀里抱着一把小麦，唯恐人们认不出她就是谷物女神。这幅画描绘的是古罗马谚语："离开克瑞斯和巴克科斯，维纳斯将变得冷漠无情"，也就是后来演变

❸ 格奥尔格·恩格尔哈德·施罗德《克瑞斯》

❹ 汉斯·冯·亚琛《克瑞斯和巴克科斯》

❺ 扬·米尔《克瑞斯、巴克科斯和维纳斯》

成的英谚语"没有温饱就难有甜蜜的爱情"。鲁本斯就这一主题创作了两幅《没有谷神和酒神，爱神就会发冷》（图6、图7）油画，揭示温饱对爱情的重要。

❻ 鲁本斯《没有谷神和酒神，爱神就会发冷》

❼ 鲁本斯《没有谷神和酒神，爱神就会发冷》

当层出不穷的画师把小麦和丰收女神画在一起时，佛兰德斯画家彼得·保罗·鲁本斯别出心裁，他可不给女神画什么大麦啊、小麦啊，而是赋予她琳琅满目的水果。硕果累累，果香四溢，这何其不代表丰收、富裕和高贵？在圣彼得堡冬宫博物馆展室陈列的鲁本斯的《克瑞斯的雕塑》（图8）中，克瑞斯女神雕塑的周围是满满两串瓜

❽ 鲁本斯《克瑞斯的雕塑》

果和象征健康的小天使们；鲁本斯绘制的《克瑞斯和两位仙女》中（图9），象征克瑞斯的也是骄人的瓜果；《克瑞斯和潘》（图10）是鲁本斯1615年的作品，画的背景中瓜果满地，女神也怀抱着一堆瓜果。

❾ 鲁本斯《克瑞斯和两位仙女》

160 × 161

❿ 鲁本斯《克瑞斯和潘》

⓫ 扬·博克霍斯特《克瑞斯：夏天的寓言》

德国画家扬·博克霍斯特干脆既给女神画上小麦，也给女神画上瓜果，还在她的耳侧插上一朵罂粟花。他的这幅名为《克瑞斯：夏天的寓言》的画作象征着夏天（图11）。

看来，有克瑞斯女神的地方，就有谷物或瓜果，就有温饱和富饶，克瑞斯成为西方最受欢迎的神祇之一。在很长一段时间，很多欧洲国家都习惯将她或象征她的麦穗印在钱币上，这样既表达了对女神的敬意，也祈求她保佑风调雨顺、五谷丰登。

女儿归来 大地回春 2

公元 79 年，一场火山爆发将古罗马的庞贝古城埋在了地下。在庞贝古城遗址，考古学家发现，当时的古罗马人主要供奉三位女神：维纳斯、戴安娜和克瑞斯。遗址的墙上有一幅壁画，画的是克瑞斯举着一把火炬，这象征着她在寻找女儿。她找的这个女儿即希腊神话中的珀耳塞福涅。

珀耳塞福涅是德墨忒尔和宙斯的女儿。她出落得美丽大方，冥王哈迪斯对她一见钟情，而得到她的唯一方法只有硬抢。据《荷马史诗》讲述，有一天，珀耳塞福涅在田间采花，正要摘一朵美丽的水仙花时，眼前的地面突然裂开一道缝，哈迪斯驾着他的战车冲出来，强行把她带走。德墨忒尔不知道发生了什么事，她日夜寻找女儿，她不开心，庄稼也开始枯萎。德墨忒尔得知女儿被冥王绑架后，大发雷霆，要宙斯将女儿救回，否则她不会让大地再次开花。宙斯一纸令下要冥王放人。但哈迪斯可不会那么轻易善罢甘休。他诱使珀耳塞福涅吃了六粒石榴籽，要知道，如果谁吃了冥界的东西，就永远不能逃离死人的世界。珀耳塞福涅安全回到母亲身边，母亲得知她吃石榴籽的事情后，暴跳如雷。宙斯提出一个折中的方案：珀耳塞福涅每吃一粒石榴籽，就要和哈迪斯待一个月，这样的话，珀耳塞福涅每六个月前往一次冥界。哈迪斯欣然应允。珀耳塞福涅也成为冥后。此后，在女儿不在身边的日子里，德墨忒尔和大地一起为她哀悼，六个月后，女儿归来，德墨忒尔笑逐颜开，大地也会再次开花。

因为这个故事，世间有了四季交替，有了春天，有了生命的开始，也有了冬天，万物的凋零。也有人认为，珀耳塞福涅的消失象征往地里埋种子。传说，古希腊每年在依洛西斯城举行祭祀德墨忒尔和冥后珀耳塞福涅的宗教仪式，火炬是该仪式中的重要象征，象征母亲寻找女儿。

　　珀耳塞福涅被冥王绑架的场景被巴洛克雕塑大师乔凡尼·洛伦佐·贝尼尼做成了雕塑，该雕塑细腻地呈现了两个人物的"温柔和残暴"（详见冥王章节）。英国画家弗雷德里克·莱顿爵士的油画《珀耳塞福涅的归来》（图12）描绘的是德墨忒尔和女儿重逢的唯美画面。皮肤苍白的珀耳塞福涅从地下升起，她的头向后仰，手臂使劲向前伸。而德墨忒尔张开双臂，迫不及待地要拥抱女儿。她的脚下有一枝盛开的杏花，表明母女相见，春天来了。英国维多利亚时期著名插画师沃尔特·克莱恩的作品《女儿回到身边，德墨忒尔欣喜若狂》（图13）将母女团圆的场面画在了繁花盛开的原野里，象征珀耳塞福涅归来，大地春意盎然。

⑫ 弗雷德里克·莱顿爵士
《珀耳塞福涅的归来》

⑬ 沃尔特·克莱恩
《女儿回到身边，德墨忒尔欣喜若狂》

母性之爱的象征 3

位于意大利中部城市的法尔内西纳庄园修建于文艺复兴时期，最早是教皇的财务总管、锡耶纳银行家阿格斯蒂诺·基吉的乡间别墅。1512 年，意大利画家拉斐尔·圣齐奥受基吉委托，在这里创作了壁画《伽拉忒亚的胜利》，壁画保留至今。这幅作品画的是海洋仙女伽拉忒亚逃离独眼巨人的故事，其主体是被各种海洋生物所包围的伽拉忒亚和她的侍女竭力逃跑的场景，这些海洋生物的形状受到米开朗琪罗的作品的启发，而其鲜艳的色彩和装饰则受到古罗马壁画的启发。

其中一处穹顶画着三位古罗马神话女神：维纳斯、克瑞斯和朱诺（图14），三位女神神态各异。

除了和谷物、丰收有关，克瑞斯也是婚姻的保护者。在古罗马的新婚游行中，有一种习俗是由一个小男孩举着火把带路，象征在克瑞斯的庇护下照亮前行的路。用于婚礼火炬的木头来自野刺果树，因为该树可以结出许多果实，象征强大的生育力。克瑞斯被古罗马诗人维吉尔誉为"守法的克瑞斯"。婚礼仪式中，人们也会祭祀克瑞斯，祈求她能保佑两位新人幸福美满。在庄严的婚礼中，新娘和新郎要共享一块蛋糕，这块蛋糕是用小麦做成的，小麦正是克瑞斯的象征。

在古罗马共和国中期，对克瑞斯女神的宗教崇拜和理想中的女性的美德便联系在了一起。这种信仰的普及，和当时的出生率下降相吻合。到古罗马共和国晚期，人们更将克瑞斯看作母性的象征，她和人类的生育、分娩息息相关。

　　古希腊、古罗马神话中的女神大都美丽动人、风姿绰约，而德墨忒尔是一个特殊的存在：她端庄质朴，勤劳能干，她充满对人类的怜悯，教人耕种，保佑丰收，给人类带来温饱。古往今来，她的艺术形象已经和谷物、瓜果密不可分。并且，她被母性的光辉环绕。她对女儿的爱带来了四季的变迁，无论是在神界，还是在人间，这大概都是最强大的母爱。母爱让花盛开，而每位母亲都是大地上盛开的花朵。

维纳斯一脸愤怒和不安，她正在寻求克瑞斯和朱诺的帮助，而后两位女神显然对她的遭遇表示同情。

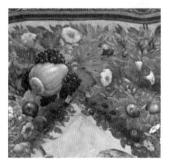

三位女神的周围画满了生动的动物和丰富的水果蔬菜等，它们由意大利画师乔凡尼·达·乌迪恩设计。仔细看的话，可以识别出每个品种，其中包括当时来自美洲大陆的玉米、南瓜和豆类等。

画中的克瑞斯照例头上插着麦穗。有趣的是，和赤身裸体、丰满性感的维纳斯相比，画中的克瑞斯和朱诺都穿着端庄的长裙。显然，拉斐尔将后两位女神当作成熟、优雅的女性来塑造，彰显她们母性的光辉。

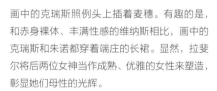

⓮《伽拉忒亚的胜利》壁画中的维纳斯、克瑞斯和朱诺女神
（来源：Wikimedia Commons）

俄耳甫斯，

蓦然回首
成永诀

Chapter 13

不久前，

我去英国利兹附近的哈伍德庄园参观，

被一尊巨大的俄耳甫斯铜雕塑（图 1）吸引。

他伸展手臂笔直地站着，

一头睡着的豹子趴在他的臂膀上。

这是英国女雕塑家阿斯特丽德·齐道尔的作品，

1984 年起矗立在那里。

这尊雕塑体现的新古典主义风格，

作为一种永恒的美学在英国流行，

而身为音乐和诗歌天才的俄耳甫斯

也依然为世人铭记。

动物喜欢聚在
他的周围 1

俄耳甫斯的母亲是掌管史诗的缪斯女神卡利俄帕，父亲可能是太阳神阿波罗，也可能是河神俄阿格洛斯。他拿起七弦琴边弹边唱时，树枝随之起舞，河水随之翻涌，猛兽会温驯地聚在他的身旁。他曾随同伊阿宋寻找金羊毛，用琴声俘获了看守金羊毛的巨龙，制服了海妖塞壬。后来，他为了救死去的妻子只身前往冥界，用琴声打动了冥王。

很多画师喜欢把俄耳甫斯和动物们画在一起。17世纪，荷兰安特卫普画师西奥多·凡·图尔登和佛兰德斯画家弗朗斯·斯奈德斯合作，创作了油画《俄耳甫斯和动物》（图2）。画中，俄耳甫斯体格魁梧，一头金发，

❶ 哈伍德庄园的俄耳甫斯铜雕塑（摄影：崔莹）

170 × 171

❷ 西奥多·凡·图尔登和弗朗斯·斯奈德斯合作的油画《俄耳甫斯和动物》

样貌如当时的荷兰男子，正坐在树下弹七弦琴。象、狮子、狐狸、野猪、豹、鹿和老鹰等动物聚在他周围，似乎已被琴声迷倒。同时代的荷兰画家阿尔伯特·库普把俄耳甫斯画进自己擅长的风景画里。在库普的《风景画中的俄耳甫斯和动物》（图3）中，俄耳甫斯拉着小提琴，悠扬的乐声不仅吸引了野生动物，也吸引了宠物和家禽。

　　意大利早期巴洛克威尼斯画派画家帕多瓦尼诺的《俄耳甫斯和动物》（图4）也将俄耳甫斯的七弦琴画成了小提琴。同样如此呈现俄耳甫斯的乐器的还有收藏于纽约摩根图书馆和博物馆的《俄耳甫斯让动物们着迷》（图5）。后面的这幅画作清新亮丽，是佛兰德斯画家雅各布·霍夫纳格尔1613年的作品。

❸ 阿尔伯特·库普《风景画中的俄耳甫斯和动物》

到了 20 世纪，法国诗人纪尧姆·阿波利奈尔受到这些画作启发，创作了诗集《动物寓言：或俄耳甫斯的随从队列》。他是立体主义的捍卫者，也是超现实主义之父。他于 1911 年出版的这本诗集借助对动物、昆虫和俄耳甫斯优雅而俏皮的描述，呈现了一幅生命和谐共处的场景。

❹ 帕多瓦尼诺《俄耳甫斯和动物》

在众多画作中，俄耳甫斯最经典的形象来自德国画家弗兰茨·冯·施图克于 1891 年创作的《俄耳甫斯》（图 6）。画中，俄耳甫斯背过身去，正沉醉地弹奏七弦琴。他全身赤裸，只搭着一条银色的缎带，和红色的七弦琴形成鲜明的对比。围绕他的动物并不多，但富有象征意义，如鳄鱼象征智慧，狮子象征勇气和力量，而火烈鸟象征古埃及的太阳神。

❺ 雅各布·霍夫纳格尔《俄耳甫斯让动物们着迷》

❻ 弗兰茨·冯·施图克《俄耳甫斯》

2 因回头而失去爱人

俄耳甫斯集音乐、诗歌才华于一身，令百兽俯首，山林震撼，而他最令人熟悉的故事是和尤丽狄茜的爱情悲剧。尤丽狄茜被毒蛇咬死，俄耳甫斯悲伤不已，遂下到冥界救她。冥王夫妇被他的痴情和乐声打动，同意了他的请求，但有一个条件：在他们离开冥界之前，俄耳甫斯不能回头看尤丽狄茜。结果，俄耳甫斯违背了这个誓言，也因此永远失去了爱人。他死后化身天琴座（织女星所在的星座），永远守候消失的爱人。这个爱情故事在歌颂永恒的爱，也在讲述"爱是恒久忍耐"的道理。

奥维德在《变形记》中描述了这个诀别场景。他写道："现在他们离地面不远了。他满心欢喜，生怕她惊慌失措，紧紧抓住她，并迫不及待地转过了头。结果，她立刻又沉了下去。她，无助的她！两人都伸出双臂，挣扎着想要抓住对方，然而，俄耳甫斯抓住的只是空气。"这一刻打动了很多画家，让他们纷纷挥笔描绘这一场景。

在法国画家爱德华·波因特的《俄耳甫斯和尤丽狄茜》（图7）中，尤丽狄茜一脸悲伤，仿佛正被一股力量吸走，俄耳甫斯使劲搂着她，继续努力地前行。英国画家乔治·费德里科·沃茨的《俄耳甫斯和尤丽狄茜》是"美学古典主义"的杰作，画中俄耳甫斯充满力量，而尤丽狄茜紧闭双眼，正向后瘫倒。荷兰画家艾瑞·谢弗的《俄耳甫斯哀悼尤丽狄茜之死》（图8）用单手扶额头的姿势表现主角的悲伤和后悔。博洛尼亚画家乔瓦尼·安东尼奥·伯里尼画的《俄耳甫斯和尤丽狄茜》（图9）生动形象，画中的俄耳

❼ 爱德华·波因特
《俄耳甫斯和尤丽狄茜》

❽ 艾瑞·谢弗
《俄耳甫斯哀悼尤丽狄茜之死》

❾ 乔瓦尼·安东尼奥·伯里尼《俄耳甫斯和尤丽狄茜》

甫斯想要抓住正离他而去的爱人，但为时已晚。

　　对这个爱情悲剧最别具匠心的呈现，来自英国画家弗雷德里克·莱顿的《俄耳甫斯和尤丽狄茜》（图10）。要看懂这幅画，首先要了解奥维德在《变形记》中叙述的尤丽狄茜和爱人诀别时的感受。奥维德写道："如今死第二回，她丝毫不埋怨丈夫，她被丈夫深爱着，为何要心生怨言呢？"尤丽狄茜对丈夫的爱如此强烈，她在生命的最后时刻只感受到对他的爱和关心。

莱顿用非常规的方式画了这幅画。他大概也怕人们不理解他的创作初衷，便请好友、英国诗人罗伯特·勃朗宁为这幅画配了一首小诗《尤丽狄茜致俄耳甫斯》。诗中写道："把我拥在怀里……所有的不幸，以及所有可能的恐怖和蔑视，都会被遗忘，我没有过去，也没有未来：看着我！"诗人也希望用尤丽狄茜的内心独白帮助观画者理解她当时的情感。遗憾的是，勃朗宁的诗不足以让画脱颖而出。在1864年皇家学院展览中展出的8件作品中，它被评为最不受欢迎的作品。当时的看客似乎并不理解，这幅打破常规、情感复杂的画作，触及的才是真爱的核心。

在莱顿的画笔下，尤丽狄茜再次复活了，试图拥抱俄耳甫斯。

而俄耳甫斯却紧闭双眼推着。不是他不想看爱人，而是他太懊悔了，也许还希望用这样的表现再次赢得冥王的原谅。与此同时，尤丽狄茜大概知道自己的命运已无法改变，只想最后一次和爱人相拥。

3 诗歌和音乐之神

俄耳甫斯给很多剧作家、诗人和音乐家带去了灵感。莎士比亚在《亨利八世》第三幕中描述凯瑟琳王后要侍女们给她弹唱一首歌，歌名便是《俄耳甫斯》，"弹琴的地方长出了树林，俄耳甫斯歌唱的时候积雪的山顶也把它们的头儿倾斜；花儿和草儿听到他奏的乐曲便都欣欣向荣，好像阳光和雨使它们永不凋谢。天下万物听到他奏出的乐调，就连海洋里汹涌着的波涛，也低下头来……"这首歌展现了俄耳甫斯的音乐魅力。他能用歌声改变大自然，创造出永恒的春天，也能用琴声平息大海的波涛，用音乐治愈烦恼的心灵。

莱内·马利亚·里尔克是 20 世纪伟大的德语诗人，也是俄耳甫斯的热爱者，他于 1923 年出版的诗集《致俄耳甫斯的十四行诗》便是对这位男神的致敬。里尔克在得知女儿的好友维拉去世后，决定写一组诗来纪念她。这组诗基于俄耳甫斯和尤丽狄茜的故事创作，里尔克在诗中时而对维拉直呼其名，时而称她为"舞者"或"神话中的尤丽狄茜"，并称俄耳甫斯为"拿着七弦琴的神"。他用了 3 周就完成了创作，称写作过程如同一场"无边的风暴""精神的飓风"。

英国浪漫主义诗人雪莱称俄耳甫斯为诗歌的守护神。他将诗歌创作比作炼金术，可以将单调、平庸转化为美丽、魅力，可以让石头像珠宝那样闪光，能将花园里的普通树木变成仙女和海滨舞者。雪莱认为，诗歌优于音乐、绘画和雕塑，是最高的艺术形式。他在《为诗辩护》中以俄耳甫斯的竖琴为喻，描述诗歌产生的过程：人就像七弦琴，外在的和内在的印象掠过人的心灵，就像一阵阵风吹过七弦琴，让琴弦奏出不断变化的曲调。在《西风颂》中雪莱写道："把我当作你的七弦琴吧，犹如树林：尽管我的叶落了，那有什么关系！"在雪莱看来，诗人的心灵便是那等待被拨动的琴弦。

取材于俄耳甫斯故事的歌剧也很多，如意大利文艺复兴时期作曲家雅各布·佩里于1600年创作的歌剧《尤丽狄茜》、意大利作曲家克劳迪奥·蒙泰威尔第于1607年创作的歌剧《俄耳甫斯》、德国作曲家克里斯托夫·维利巴尔德·里特·冯·格鲁克于1762年创作的歌剧《尤丽狄茜致俄耳甫斯》等。

俄耳甫斯虽不是冲锋陷阵的勇士，但靠非凡的诗歌和音乐才华赢得了人们的喜爱。他是诗歌与音乐之神，也是痴情的爱人。他冲入冥界拯救妻子，以爱和艺术的力量战胜了死亡。然而，他最终无法控制自己，导致悲剧。也许，爱情就像他的一回头，脆弱不堪，转瞬即逝，只有记忆永存。

阿耳忒弥斯，野兽的女主人

Chapter 14

我曾参观过卢瓦河谷的好几座城堡，

其中印象最深的是舍农索城堡，

那是一座建在水上的城堡，

是 16 世纪法国国王亨利二世

送给他的情妇戴安·德·波迪耶的礼物。

因为波迪耶的名字"戴安"（Diane）和

罗马月亮女神的名字"戴安娜"（Diana）

很相似，

而两人都美丽绝伦，

人们便经常将她俩相提并论，

并且，

有些画师直接把波迪耶画成了戴安娜女神。

神话传说和历史缠绵在一起，

戴安娜女神

（古希腊神话中的阿耳忒弥斯女神）

在欧洲的影响越来越深远。

化身为法国国王的情人 1

波迪耶和戴安娜女神的相似之处不仅是美貌。戴安娜是狩猎女神，被称为"野兽的女主人与荒野的领主"，是热爱户外运动的女子，而波迪耶酷爱运动，喜欢骑马和游泳，一生都保持着姣好的身材。我记得在舍农索城堡的某间卧室里看到一幅波迪耶狩猎图，画中，波迪耶背着弓箭，牵着狗，被画成了戴安娜女神的模样。卢浮宫也收藏有一幅名为《戴安娜：狩猎女神》（图1）的佚名油画，是枫丹白露学派画师1550年的作品（这个学派的画师基本上都把波迪耶画成了戴安娜女神）。画中，波迪耶头戴月牙形的饰品，该饰品就是用于指代戴安娜女神的，因为戴安娜女神也是月亮女神。此外，自从1531年丈夫去世后，波迪耶只穿黑白色的衣服，这两种颜色是用来表示哀悼的颜色，也象征月亮的颜色。于是，波迪耶和戴安娜女神的相似点就又多了一个。

波迪耶比亨利二世大20岁，吸引亨利的不仅是她的美貌，还有她的智慧和自信。他们两人成为宫廷内的坚固联盟。亨利的很多公务信件交由波迪耶撰写，并且，他还把自己的孩子委托给波迪耶教育了25年。

虽然波迪耶和国王的关系不能被摆到桌面上来谈，但这已是公开的秘密。1556年，罗马教宗保禄四世送给亨利二世国王一尊戴安娜女神的大理石雕塑，暗中赞誉波迪耶像女神，讨好这位国王。这尊雕像有两米多高，塑造的是戴安娜女神正抽箭欲射。她左腿迈向前，右脚踮地，右手正抽取肩膀上的箭。在她的左边是一只跳跃着的鹿。这座雕塑栩栩如生，充满动感。据说，

❶ 枫丹白露学派画师《戴安娜：狩猎女神》

人们在意大利发现了它，经考证，它有 2000 多年的历史，堪称无价之宝。亨利二世和波迪耶将雕塑安置于枫丹白露宫的戴安娜花园，它是法国保存至今最早的古罗马雕塑。

　　1602 年，亨利二世已经离世 43 年，当时的法国国王亨利四世认为这尊雕塑过于珍贵，不该继续受风吹雨淋，下令把它移进了卢浮宫。1696 年到 1798 年，这尊雕塑还曾入驻凡尔赛宫。路易十四非常喜欢它，把它摆在镜厅。这座雕塑被搬离枫丹白露宫后的第三年，法国雕塑家巴泰勒米·普里厄受命仿做了一尊同样的铜雕塑放在原址，并由法国雕塑家皮埃尔·比亚尔添加了雕塑底座的猎狗和鹿头元素。这尊仿制品也令人爱不释手。1813 年，拿破仑把它送给了约瑟芬公主。

　　从意大利到法国，从祭坛宗教场所的神圣物到送给国王的礼物，从枫丹白露宫到凡尔赛宫，戴安娜女神雕塑的命运一波三折。今天，人们可以在卢浮宫的女神柱馆一睹它的风采。

鲁本斯 画出她的慈悲 2

　　戴安娜（阿耳忒弥斯）一直是艺术家们热衷的绘画题材。提香、普桑、雷阿诺等都曾画过她，其中，法国画家弗朗索瓦·布歇画的戴安娜令人印象深刻。在他的作品《戴安娜浴后休息》（图 2）中，戴安娜是一个迷人的女孩。戴安娜身旁的地上放着弓箭和猎物，这是她成功狩猎的证据，她的两只猎犬正在旁边的小溪里喝水。女神头戴一弯新月、手中拿着一串珍珠，慵懒惬意地坐在柔滑的慢帐上。奶油般的肤色、金色的头发、玫瑰花蕾般

❷ 弗朗索瓦·布歇
《戴安娜浴后休息》

的嘴唇，让她看上去愈加天真无邪、俏皮优雅、性感。

以戴安娜为题作次数最多的艺术家要数巴洛克艺术家彼得·保罗·鲁本斯。他的作品《戴安娜在狩猎》（图3）、《戴安娜和她的仙女们在狩猎》（图4）等突出了戴安娜的矫健和勇猛。在他的《戴安娜和宁芙仙女们出发去狩猎》（图5）画作中，戴安娜女神身穿红袍，披着虎皮，一手持长矛，一手抚摩亲热地扑向她的一只狗，脸上是志在必得的表情。鲁本斯工作室创作的同名画（图6）中似乎蕴含了更多的故事。画中，戴安娜同样身穿红袍，抚摩着她的爱犬，只是她周围的人物发生了变化。半人半兽的萨蒂尔在蛮横地亲吻一位宁芙仙女，这位仙女正竭力拒绝，此处暗喻女性在美和道德之间的挣扎，女性自身对男性充满诱惑力，但同时又要恪守道德。戴安娜青春美丽，却决定一辈子追求贞洁，追随她的宁芙仙女也立下了永

❸ 鲁本斯《戴安娜在狩猎》

❹ 鲁本斯《戴安娜和她的仙女们在狩猎》

❺ 鲁本斯
《戴安娜和宁芙仙女们出发去狩猎》

❻ 鲁本斯工作室
《戴安娜和宁芙仙女们出发去狩猎》

葆贞洁的誓言，否则会受到惩罚。

　　在看过提香的《戴安娜与卡利斯托》（图 7）后，鲁本斯陷入了沉思，那幅画呈现的是戴安娜得知宁芙仙女卡利斯托怀孕而大发雷霆的场景，显然，鲁本斯认为提香画的戴安娜缺少同情心，因为毕竟卡利斯托是被强奸的。于是，鲁本斯也画了一幅《戴安娜与卡利斯托》（图 8）。画中，宁芙

❼ 提香《戴安娜与卡利斯托》

❽ 鲁本斯《戴安娜与卡利斯托》

仙女们搀扶着卡利斯托，戴安娜伸出双手，想要拥抱卡利斯托的姿势，她的脸上是难以置信和痛苦的表情，很难想象她还会惩罚卡利斯托，即使她那样做了，也是不得已而为之。鲁本斯的慈悲情有可原，他当时和第二任妻子海伦·富曼新婚不久，因而他的作品中充满了田园诗般的浪漫。

鲁本斯创作的画作《戴安娜和宁芙仙女们受到萨蒂尔的惊吓》（图9），画的是戴安娜和宁芙仙女们在林中狩猎，却被一群萨蒂尔突袭的场景。萨蒂尔是半人半兽的森林之神，长着羊角和羊腿，好色并耽于玩乐。画的主体是乱成一团的萨蒂尔和仙女们。四个萨蒂尔对仙女们不尊不敬，有的上来就抱，有的揪住仙女的裙角。

这幅画充满动感，用开放而充满活力的构图表现戴安娜和宁芙仙女们被

⑨ 鲁本斯
  《戴安娜和宁芙仙女们受到萨蒂尔的惊吓》

萨蒂尔突袭的场面，彰显了鲁本斯对运动的精通。鲁本斯创作这幅作品时，正处于最感性和诗意的时期。

　　在鲁本斯的画作中，戴安娜和她的宁芙仙女都沿袭了鲁本斯美女的一贯风格，丰乳肥臀，健硕性感。对男人有着致命的吸引力，但她们却选择贞洁。诱惑与反诱惑，美和道德，是鲁本斯试图在这些作品中探讨的主题。

画中前方左右分别躺着一只野鹿和一头野猪，它们是女猎人们的战利品。

右侧的戴安娜气急败坏，抽出一支箭要掷向他们。

188 × 189

3 和阿波罗的关系 扑朔迷离

　　实际上，神话中的阿耳忒弥斯也曾遇见过令自己心动的男人。在古希腊神话中，俄里翁是海王波塞冬之子，他年轻英俊，喜欢狩猎。有一天，他在林间狩猎时邂逅了阿耳忒弥斯，并对这位英姿飒爽的女子一见钟情，两人成了无话不谈的好友。阿耳忒弥斯的孪生弟弟——太阳神阿波罗发现两人的亲密关系后，非常生气，他担心姐姐会因此违背追求贞洁的誓言，也有人认为，阿波罗暗恋姐姐，不希望她爱上别人。总之，阿波罗用计谋让姐姐亲手射死了俄里翁，俄里翁升上天空变成了猎户座，而阿耳忒弥斯从此痛恨阿波罗，两人日月交替，死不相见。

　　尽管希腊神话中充斥着各种复杂的乱伦关系，比如宙斯的妻子赫拉就是自己的亲姐姐，但阿耳忒弥斯和阿波罗的关系从未逾矩。阿波罗对姐姐的过度保护，令人感到不可思议。

　　也许孪生兄弟姐妹生来就更亲密，但这种亲密是否该被理解为情侣般的亲昵呢？苏格兰新古典艺术家加文·汉弥尔顿画了一幅名为《阿耳忒弥斯和阿波罗》的油画，画中，姐姐慵懒地拥抱着弟弟，而弟弟则靠在姐姐的怀抱里，并抬头深情地望着姐姐，只不过两人都已经是成年人，兄妹两人如情人般地相拥，难免引发"口水战"。

无妨，连英国维多利亚女王的丈夫阿尔伯特亲王也会把两人的关系搞错，他愣把"阿耳忒弥斯和阿波罗"当成了人类的第一对情侣"亚当和夏娃"。英国皇室收藏有一幅德国画家大·卢卡斯·克拉纳赫于 1526 年画的《阿波罗和戴安娜》（图 10），画中，阿波罗铆足力气拉弓射箭，而戴安娜则安静地坐在他身旁的一只小鹿的身上，若有所思。戴安娜的长辫子缠绕在鹿茸上，同时又和背后的树干融为一体。这暗示她喜欢大自然，喜欢狩猎。当年，阿尔伯特亲王把这幅画当作《亚当和夏娃》买来珍藏，不过，他犯这样的错误也是可以理解的，毕竟画中的两人像极了伊甸园里的亚当和夏娃。

❿ 大·卢卡斯·克拉纳赫《阿波罗和戴安娜》

阿耳忒弥斯 3 岁时，请求父亲帮她实现几个愿望：永远保持贞洁，比弟弟更有名气，能带来光亮，拥有狩猎的弓箭和服装，有宁芙仙女们相伴等。她大概那时就意识到，在古希腊，因为妻子和丈夫的地位不平等，若要和男人平起平坐，只有保持独身。她的愿望陆续实现——她自由独立，勇敢理性；她热爱狩猎，让狩猎不再是男人的特权；她成为月亮女神，和弟弟太阳神不分伯仲。

古往今来，阿耳忒弥斯的故事鼓舞着无数女性，法国女子波迪耶便是和她相似的女子，尽管身为寡妇、情人，波迪耶依然凭借自己的美貌、健康、智慧和自信，辅助亨利二世统治，成为法国历史上举足轻重的女人。这些故事无时无刻不在启发世间女子：勇于建立自我，独立追求自我，实现无限的可能性。

冥王
哈迪斯，

抢个妻子
爱一生

Chapter 15

在古希腊，

人们相信人死后灵魂会去往

另一个世界——冥界。

冥界的入口处河水湍流，

摆渡者卡戎负责把亡魂渡到冥河的另一边去。

家属通常会在死者口中放一枚硬币，

用于支付摆渡的船资。

希腊神话中，

掌控冥界的是冥界之神哈迪斯，

也就是罗马神话中的普鲁托。

尽管哈迪斯和死亡有关，

令人不寒而栗，

但他并没有被世人冷落。

艺术家热衷表现 冥王抢亲 1

关于哈迪斯最经典的形象来自意大利雕塑家乔丹尼·洛伦佐·贝尼尼的雕塑《被劫持的珀耳塞福涅》(图1),这组雕塑现收藏于罗马的博尔盖塞美术馆。贝尼尼于1621—1622年完成这组雕塑,完工时他年仅23岁。这组雕塑表现的是珀耳塞福涅被冥王哈迪斯绑架到冥界的场景。它和贝尼尼的其他早期作品一样,也是受红衣主教希皮奥内·博尔盖赛之邀创作的。

罗马诗人奥维德的《变形记》和希腊裔作家克劳迪亚努斯的《珀耳塞福涅被劫记》中,都讲述了哈迪斯劫走珀耳塞福涅的故事。珀耳塞福涅是宙斯和农业之神德墨忒尔的女儿,哈迪斯对她暗恋已久。一天,珀耳塞福涅在郊外采花时,哈迪斯乘坐着由四匹黑马牵引的马车突然从地下冒出来,把她抢走并带到了冥界。贝尼尼塑造的哈迪斯虎背熊腰,肌肉发达,他的手死死抓住珀耳塞福涅的腰和腿,手指似乎陷入她那看上去柔软细腻的皮肤。同时,哈迪斯弯曲的腿和绷紧的手臂显示他费尽了力气。哈迪斯的眼中流露出喜悦之情,而珀耳塞福涅则一脸恐惧。

贝尼尼将冰冷的石头变成了拥有丰富的情感和欲望的众生。这组作品体现了他的现实主义风格,展示了他对细节的关注、对解剖学的掌握,以及唤起活力和制造戏剧感的能力。贝尼尼的儿子兼传记作者多梅尼科·贝尼尼评价这组雕塑是"温柔和残忍的惊人对比",哥伦比亚大学艺术史教授霍华德·希巴德赞赏它逼真,旧金山美术博物馆馆长托马斯·坎贝尔称

❶ 乔凡尼·洛伦佐·贝尼尼创作的《被劫持的珀耳塞福涅》雕塑
（来源：Wikimedia Commons）

❷ 伦勃朗
《绑架普洛塞庇娜》
（普洛塞庇娜为珀耳塞福涅的罗马名）

赞它"动人心弦、令人陶醉甚至鼓舞人心"。但也有人并不喜欢这组雕塑。18 世纪，法国作家杰罗姆·德拉兰德评价："哈迪斯的外表华美，但缺乏个性，表情高冷，轮廓也不好。"更多人则认为贝尼尼不该表达冥王抢亲这一主题。

实际上，很多艺术家对这个主题感兴趣。荷兰画家伦勃朗大约在 1631 年创作的《绑架普洛塞庇娜》（图 2）大概是最早展示这个故事的杰作。整幅作品明暗对比强烈，塑造出一种紧张、神秘的氛围。

17 世纪画家卢卡·佐丹奴围绕普洛塞庇娜被绑架这一主题，至少画了 4 幅画，其中包括为佛罗伦萨的美第奇—里卡迪宫画的壁画（图 3）。意大利佛罗伦萨画家亚历山德罗·阿洛里画了冥王抢亲的油画《普洛塞庇娜被绑架》（图 4）。这幅画中的冥王身强力壮，而普洛塞庇娜则一脸无奈。在鲁本斯的画作《普洛塞庇娜被抢走》（图 5）和《冥王抢走普洛塞庇

❸ 卢卡·佐丹奴画的普洛塞庇娜被绑架壁画
（来源：Wikimedia Commons）

❹ 亚历山德罗·阿洛里《普洛塞庇娜被绑架》

❺ 鲁本斯《普洛塞庇娜被抢走》

❻ 鲁本斯《冥王抢走普洛塞庇娜》

娜》（图6）中，这种霸道的爱情继续上演，在两幅画中，丘比特似乎都在
策马扬鞭，催马快走。

尽管哈迪斯获得爱人的方式很野蛮，但结局却出人意料，珀耳塞福涅成
为冥后，哈迪斯也对她死心塌地、忠心不渝，两人的恩爱婚姻成为佳话。

2 冥王目睹
爱情悲剧

　　在希腊著名的爱情悲剧俄耳甫斯和妻子尤丽狄茜的故事中，冥王也是一个重要的人物。在西班牙普拉多博物馆的第79展厅，悬挂着佛兰德画家鲁本斯的油画《俄耳甫斯和尤丽狄茜》（图7）。

❼ 鲁本斯《俄耳甫斯和尤丽狄茜》

俄耳甫斯是太阳神阿波罗和司管文艺的缪斯女神卡利俄帕的儿子，他颇具音乐才华，阿波罗还把自己的七弦琴送给了他。有一天，俄耳甫斯深爱的妻子尤丽狄茜在野外游玩时不慎被毒蛇咬死，俄耳甫斯悲伤不已，遂下到冥界向冥王夫妇求情，冥王夫妇被他的痴情和乐声打动，同意了他的请求，但提出一个条件：在他们离开冥界之前，俄耳甫斯要遏制自己的欲望，不要回头看他的爱人。1636—1638 年，鲁本斯根据奥维德《变形记》中的描述，创作了这幅作品。画的右边，冥后珀耳塞福涅一脸忧愁，欲言又止，而冥王哈迪斯正惊诧地看着她。画的左边，尤丽狄茜肤色苍白，和肤色健康的俄耳甫斯形成鲜明对比。此时，俄耳甫斯和尤丽狄茜一前一后，迫不及待地要走。只是后来发生的事情令人唏嘘。俄耳甫斯没有遵守诺言，忍不住回头看了爱人一眼，尤丽狄茜立刻变成一股烟，消失不见。好不容易争取到的希望化为了泡影，俄耳甫斯伤心欲绝，最终死于一群女子的乱石之下。后来，宙斯把俄耳甫斯的七弦琴放在群星之间供人缅怀，这就是天琴座。

　　法国画家弗朗索瓦·佩里耶 1645 年的作品《俄耳甫斯站在冥王和冥后之前》（图 8）描绘的也是俄耳甫斯向冥王夫妇求情的场景。

　　法国画家尚·劳克斯 1709 年的油画《俄耳甫斯和尤丽狄茜》（图 9）似乎要和鲁本斯的同名画一比高低。画中，俄耳甫斯拽着爱人尤丽狄茜的手，急匆匆地向前走，尤丽狄茜则回头看着冥王夫妇，恋恋不舍，冥王夫妇表情肃穆，正注视着两人离去。画的左边是诺伦三女神，她们手中旋转的纺锤会决定众生的命运。

1762 年，德国著名作曲家克里斯托夫·维利巴尔德·里特·冯·格鲁克根据意大利诗人、剧作家卡尔扎比吉的歌剧脚本，创作了歌剧《俄耳甫斯和尤丽狄茜》，剧中的冥王依然慈悲为怀。

❽ 弗朗索瓦·佩里耶《俄耳甫斯站在冥王和冥后之前》

❾ 尚·劳克斯《俄耳甫斯和尤丽狄茜》

画中，俄耳甫斯一脸痛楚，正苦苦哀求。

冥王右手托腮，似乎被他爱的倾诉深
深打动。

冥后趴在冥王的座椅背上，
轻跷着左脚。

而冥王的右脚则踩在一只熟睡的狗的背
部，让画面充满了轻松的氛围。

3 文学作品中的冥王

从古至今，冥王的形象经常出现在文学作品中。公元前 405 年，在古希腊喜剧作家阿里斯托芬的喜剧《蛙》中，普鲁托是冥界的统治者。在这部作品中，酒神狄俄尼索斯前往冥界寻找去世的最优秀的剧作家，希望他能够重返世间，好让雅典剧院恢复昔日的辉煌。剧中，普鲁托沉默地站大半天，观摩剧作家的比赛，并且宣布获胜者，让他重返世间。在《蛙》中，普鲁托是一个充满同情心、大公无私的君王。

英国中世纪作家杰弗里·乔叟也讲过普鲁托和普洛塞庇娜的故事，不过，他描述冥界"黑暗和低矮"，是遭受谴责和折磨的地方。在乔叟的故事里，普鲁托是一个"神话中的国王"。大约在 1503 年，苏格兰诗人威廉·邓巴在他的诗歌中描述普鲁托是一个超自然的存在，也是丘比特的宠儿。

诺贝尔文学奖得主、德国当代作家君特·格拉斯在其长篇小说《狗年月》中数次提到普鲁托。《狗年月》讲的是 20 世纪 20 年代到 50 年代发生在德国的故事，其历史背景包括希特勒上台，法西斯统治，第二次世界大战和德国的分裂等。书中的一条线索是三代狗，作者让它们都与"普鲁托"建立起联系。与母狗森塔配种的公狗叫普鲁托；森塔生下的狗，主人给它起名普鲁托；而第三代狗跟随马特恩后，所使用的名字也是普鲁托。这三代狗除了令人想到冥王，也令人想到冥界的三头犬刻耳柏洛斯。作者用普鲁托和三条狗暗示：纳粹势力把人间变成了冥界，妖魔肆虐，邪恶横行。

把冥王和邪恶、冥界和地狱联系在一起的文学作品并不少见，但实际上，在希腊和罗马神话中，冥王从来都不是一个坏神，冥界也不等同于地狱。人们之所以会产生这样的误解，大概源于基督教信仰。人们将天堂视为类似奥林匹斯山的地方，自然会将地狱等同于冥界。圣经中的地狱是所有恶人接受惩罚的地方，但希腊神话和罗马神话中的冥界，却是所有亡灵都要去的地方。这些亡灵在冥界接受公正的评判，善的灵魂会进入冥界的福地，恶的灵魂才会受折磨。

想当初，哈迪斯与弟弟波塞冬、宙斯抽签，抽到了冥界，成为冥王。自此，他安分地守着自己的领土，只离开过冥界一次，是为了劫娶心爱的女人。并且，他同意爱人只有冬天留在自己身边，这样确保大地回春，众生衣食无忧。冥王的这些故事，为艺术家们提供了取之不尽的创作源泉。在希腊神话和罗马神话中，冥王对爱情忠贞不渝，富有同情心且公正无私，他成了为数不多的令人真心尊敬的神。

Chapter 16

奥德修斯，
特洛伊
木马之父

在英国国家美术馆的第 39 展室，

陈列着意大利画家

乔凡尼·多梅尼科·提埃坡罗的作品

《特洛伊木马的打造》（图 1）和

《特洛伊木马被推进特洛伊》（图 2）。

这两幅画描绘的是

希腊联军用木马计攻破特洛伊城的故事。

想出木马计的是希腊英雄奥德修斯。

奥德修斯十年参战，

又在海上漂泊十年，

历经艰难险阻，

最终凭借机智和勇敢返回故乡伊萨卡。

奥德修斯发明
特洛伊木马

1

  《特洛伊木马的打造》《特洛伊木马被推进特洛伊》这两幅作品，属于提埃坡罗所创作的《特洛伊的陷落》系列画作。特洛伊城位于土耳其希沙尔克城附近，相传希腊联军和特洛伊士兵曾在此交战十年，希腊将领阿喀琉斯和特洛伊王子赫克托尔先后战死。根据维吉尔的《埃涅阿斯记》记载，在战争进行到第十年时，奥德修斯献计建造了一个巨大的木马，让希腊士兵藏在里面，并将木马放在特洛伊的城墙外。特洛伊人把木马当作礼物推进了城里。深夜，希腊士兵从木马中爬出，和城外埋伏的士兵里应外合，一举占领了特洛伊城。提埃坡罗的这两幅作品绘制于 1760 年前后，画中的木马是一匹骏

❶ 乔凡尼·多梅尼科·提埃坡罗《特洛伊木马的打造》

❷ 乔凡尼·多梅尼科·提埃坡罗《特洛伊木马被推进特洛伊》

马的模样。这样的处理方式既体现了他本人的画技,又反映了希腊工匠的高超技艺。

　　　　对特洛伊木马充满好奇的人们,纷纷前往特洛伊古城遗址探访。在那里,确实可以看到两个特洛伊木马,其中一个呈黑色,四条腿笔直,仿佛一具铜质雕塑。这可不是什么出土文物,而是2004年好莱坞电影《特洛伊》中的道具(图3),由20多个工匠用3个多月时间制作完成。另一个木马是土耳其艺术家伊捷·塞内莫格鲁于1975年创作的,是一座外形像马的大型木建筑(图4),人们可以进入其内部参观。

　　德国也有特洛伊木马。2003年,位于德国施滕达尔镇的温克尔曼博物馆新添了一个木马,当时号称全球最大的特洛伊木马。这家博物馆希望它能够让参观者联想到特洛伊木马的故事,以及这个故事对博物馆所纪念的德国

❸ 电影《特洛伊》道具
（来源：Wikimedia Commons）

❹ 伊捷·塞内莫格鲁创作的木马
（来源：Wikimedia Commons）

考古学家约翰·约阿希姆·温克尔曼的影响。

温克尔曼被誉为"考古学之父"，他于 1764 年出版的《古代艺术史》受
到无数旅行者和艺术鉴赏家的追捧。温克尔曼和特洛伊木马到底存在怎样的
关联？原来，这位学者对梵蒂冈博物馆收藏的拉奥孔雕塑钟爱无比，认为它
体现了"高贵的简洁和平静的伟大"，而拉奥孔是故事中识破木马计、呼吁
特洛伊人把木马烧掉的预言家。温克尔曼博物馆用特洛伊木马来吸引游客，
也着实动了一番脑筋。有趣的是，当别的地方有了更大的特洛伊木马后，温
克尔曼博物馆也不示弱，他们于 2020 年秋天推出了更大的"升级版"木马，
誓要留住这个"世界第一"。

特洛伊木马具有强烈的视觉冲击力，神秘而独特，备受游客喜爱，当然，
这一切都要归因于"特洛伊木马之父"奥德修斯的奇思妙想。

2 尤利西斯智斗海妖塞壬

在罗马神话中，对应奥德修斯的英雄是尤利西斯。他最有名的故事是抵抗海妖塞壬。传说，塞壬的声音非常甜美，她们用歌声吸引水手，诱惑他们去送死。尤利西斯下定决心要避免这种情况发生，但又禁不住想听听她们那无法抗拒的歌声。于是，他让水手们用蜡堵住各自的耳朵，并把自己绑在船的桅杆上。如此，他既听到了美妙的歌声，又不会去做傻事，而水手们也不会受女妖魅惑。这个故事成为众多艺术家创作的源泉，英国画家威廉·埃蒂、赫伯特·詹姆斯·德雷珀和约翰·威廉·沃特豪斯都曾围绕这个主题绘画。

❺ 威廉·埃蒂《海妖与尤利西斯》

威廉·埃蒂的《海妖与尤利西斯》(图5)首次展出于1837年,目前收藏于英国曼彻斯特艺术馆。

埃蒂创作此画时颇费心思,甚至到停尸房里画腐败到不同程度的尸体,以确保水手遗骸的准确性。这幅画将女性的裸体和腐烂的男性尸体并置在一起,在当时引起轩然大波。一些评论家认为它充满美感,是埃蒂最好的作品,而另一些评论家却认为这幅画"是淫荡和令人作呕的腐烂的组合……品位糟透了"。不过,埃蒂本人很喜欢它,称这幅画是他"难以超越的成就"。

画中,3个性感的裸体女子跪坐在海滩上,其中一个在弹七弦琴,另外两个在唱歌,她们都举手向远方示意。

在她们面前是腐烂的水手遗骸。

画的右侧,尤利西斯的船正在海面上行驶,英俊健壮的尤利西斯被绑在桅杆上,他拼命挣扎,但被两名水手死死摁着。

画面显示,此时天空乌云密布,海上风浪迭起。

约翰·威廉·沃特豪斯是英国新古典主义画家，1891 年创作了《尤利西斯和海妖塞壬》（图 6）。该画目前收藏于澳大利亚的维多利亚国家美术馆。这幅画对塞壬的呈现颇具争议。荷马史诗《奥德赛》中写塞壬是海岛上靠动听歌声诱惑水手致死的海妖，但并没有说明其容貌。历代画家通常会把塞壬画成美人鱼，沃特豪斯却把塞壬画成了长着美女头的飞鸟。在古希腊艺术中，塞壬一直是半人半鸟的模样。有艺评人指出，沃特豪斯受古希腊花瓶中所呈现的塞壬形象的启发，才这样画的。

❻ 约翰·威廉·沃特豪斯《尤利西斯和海妖塞壬》

1909 年，英国古典主义画家赫伯特·詹姆斯·德雷珀也画了《尤利西斯和海妖塞壬》（图 7），该画目前收藏于英国费伦斯美术馆。德雷珀将塞壬画成了美人鱼，她们边唱歌边爬上尤利西斯的船。此处，德雷珀和埃蒂一样，将海妖画成了裸体妙龄女子。被绑在桅杆上的尤利西斯直勾勾地看着海妖，而船上的水手们正用力地摇着船桨。画中充满了对比，比如男性阳刚和女性阴柔的对比，水手们黝黑的皮肤和海妖白嫩的皮肤的对比等。同时，画中流露着尤利西斯和水手们遭遇海妖时的紧张和惊恐。法国画家维克多·莫特兹画的《尤利西斯和海妖塞壬》（图 8）也充满灵动，着重展现海妖们的美丽。

在这几幅画中,尤利西斯的形象或是英俊健硕的肌肉男,或是留着大黑胡子的希腊青年男子,或是希腊中年男人。不过,人们对英雄的模样似乎视而不见,目光都落到了诱惑者海妖塞壬的身上。在光彩夺目的美女们面前,英雄反倒成了衬托。

❼ 赫伯特·詹姆斯·德雷珀
《尤利西斯和海妖塞壬》

❽ 维克多·莫特兹
《尤利西斯和海妖塞壬》

3 影响《尤利西斯》和《格列佛游记》的创作

　　如果没有尤利西斯，爱尔兰作家詹姆斯·乔伊斯的长篇意识流小说《尤利西斯》大概就不会诞生。这部小说出版于1922年，除了书名，内容方面也受到尤利西斯的很多启发。《尤利西斯》有18章，采用了和《奥德赛》情节相平行的结构。乔伊斯曾在1917年表示，《奥德赛》包罗万象，比《哈姆雷特》《堂吉诃德》《浮士德》更伟大，也更人性化，并称奥德修斯是"和平主义者、父亲、流浪者、音乐家和艺术家"。在《尤利西斯》中，奥德修斯变成了复杂又耐人寻味的主人公利奥波德·布卢姆，而奥德修斯回家的十年时间被浓缩为主人公在都柏林街头游荡的一天。乔伊斯似乎用"反英雄"的手法展现了主人公平庸琐碎的现代生活。

　　除了布卢姆，《尤利西斯》中的青年诗人斯蒂芬·迪达勒斯对应的是奥德修斯的儿子忒勒玛科斯，因为迪达勒斯在寻找一个像父亲那样的角色，如同忒勒玛科斯在寻找他的生父。而布卢姆的妻子摩莉·布卢姆则对应了奥德修斯的妻子帕涅罗佩。

　　当评论家们津津乐道于《尤利西斯》如何受《奥德赛》的影响时，俄裔美国作家纳博科夫却认为"在书中的每个角色和每个场景中寻找相似之处完全是浪费时间"。纳博科夫更喜欢将《尤利西斯》当作独立的文本来品读。不过他也提醒读者，如果在不熟悉《奥德赛》的情况下阅读《尤利西斯》，"将会感到沮丧"。

　　英国作家乔纳森·斯威夫特的《格列佛游记》也深受奥德修斯这一人物

的影响。这部小说出版于 1726 年，讲述了外科医生格列佛 4 次冒险出海航行、周游 4 国的经历。格列佛的奇幻之旅，像极了奥德修斯历尽艰险一路漂泊、返回故乡伊萨卡的故事。奥德修斯的海上之旅被誉为"人类第一次大航行"，象征着伟大的探索，而格列佛的魔幻旅程讽刺了当时欧洲的政治纷争。

《格列佛游记》和《奥德赛》的故事框架也大体相似，两部作品都围绕航海展开，有些情节甚至近乎雷同，比如奥德修斯曾登上独眼巨人聚居的西西里岛，格列佛则拜访了大人国。两位主人公都对冒险和旅行有着无限渴望。奥德修斯虽然非常想返回家园，但也很愿意在阿尔辛努斯的宫廷里多待一段时间，而格列佛在逃离小人国后刚回到家，两个多月后又决定出发。

奥德修斯英勇善战、足智多谋，他在特洛伊战争中献上木马计，令希腊联军大获全胜。之后，他在海上漂泊 10 年，历尽坎坷，终于返回家园。如今，无论是受欢迎的特洛伊木马模型，还是流传于世的尤利西斯和塞壬的画作，都彰显着他的智慧，而在他的影响下诞生的文学巨作《尤利西斯》和《格列佛游记》，也会将他的冒险精神和勇气代代相传。

Chapter 17

赫尔墨斯，
从小恶魔到
古道热肠

我在佛罗伦萨的巴杰罗博物馆

看到了赫尔墨斯的铜雕（图 1）。

那是一尊漆黑的雕像：他戴着带翅膀的帽子，

穿着带翅膀的凉鞋，

一只腿蹬地，一只腿向后翘起，

左手握着一根双蛇杖；

他英俊潇洒，身材矫健。

赫尔墨斯是古希腊神话中的众神的使者，

也是商业、旅者和畜牧之神，

这位男神的名字"Hermes"还和

奢侈品牌爱马仕

（注：爱马仕是"Hermes"的另一种译法）同名。

不过，赫尔墨斯刚出生就爱偷东西，

而且谎话连篇。

这位男神如何逆袭，

如何保持神的尊严？

一出生就 发明了里拉琴 1

　　赫尔墨斯是众神之王宙斯与女神迈亚之子，出生于希腊南部的库勒尼山的一个山洞里。他长得奇快，出生没几个小时，就能走能跑，力大无比。他在洞穴外闲逛时，看到一只乌龟，灵机一动抓住乌龟，将其杀死后只留下乌龟壳，然后用芦苇、牛皮和羊肠线制作出了世界上的第一把七弦琴，也就是里拉琴。

　　虽然来到世上还不到一天，但赫尔墨斯已经是个"麻烦制造者"。他从众神牧场偷走了阿波罗的 50 头母牛，并用橡树皮制成鞋子拴在脚上，掩盖足迹。他把牛藏好后就回了家，像个乖宝宝那样继续睡觉。阿波罗雷霆大发，他查出牛是被赫尔墨斯偷走的，但对方矢口否认。阿波罗只得请父王宙斯主持公道。结果，赫尔墨斯不得不把牛还给哥哥。当阿波罗来牵牛时，赫尔墨斯正

❶ 巴杰罗博物馆陈列的赫尔墨斯的铜雕（摄影：崔莹）

❷ 庞贝古城壁画《女子演奏里拉琴》
（来源：Wikimedia Commons）

❸ 赫库兰尼姆古城罗马壁画《丘比特在玩里拉琴》
（来源：Wikimedia Commons）

演奏他的里拉琴。琴声令阿波罗着迷，他提议用牛换乐器。赫尔墨斯高兴极了。这也是阿波罗右手拿里拉琴的由来。

里拉琴被誉为西方最早的拨弦乐器，再加上英俊帅气的阿波罗代言，一下子就普及了。考古人员发现迄今最早的里拉琴图像出现在公元前14世纪的一尊石棺的壁画中，随后诞生的古希腊陶器、雕像中时常会有人们演奏里拉琴的场景。比如，意大利那不勒斯国家考古博物馆就陈列有一幅来自庞贝古城、约有2000年历史的古罗马壁画：画中一名戴着花环的女子正在演奏里拉琴（图2）。人们也在另一古城发现了《丘比特在玩里拉琴》（图3）的古罗马画面。

同风靡欧洲的另一种乐器竖琴相比，里拉琴的弦线与共鸣板平行，而竖琴的弦线与共鸣板则大致呈直角，因此两者的外形大不相同。柏拉图曾提到竖琴，但他说自己更喜欢里拉琴。在古希腊，抒情诗朗诵常伴随着里拉琴的演奏。与荷马齐名的古希腊女诗人萨福在爱琴海上的莱斯沃斯岛上创立了一所女子学院，她教年轻的希腊女子们学习文艺，其中一个重要内容就是教她们边弹奏里拉琴边吟唱诗歌。诗人雪莱和拜伦也喜欢里拉琴。雪莱在《西风颂》中写道："像你以森林演奏，请也以我为里拉琴，哪怕我的叶片也像森林一样凋谢！"拜伦在《来自阿纳克里昂》中写道："我希望弹奏我颤抖的里拉琴，为了成名，为了如火的乐符。"

　　除了里拉琴，赫尔墨斯还发明了乐器排箫、钻木取火、字母和掷距骨游戏——赫尔墨斯甚至成了小偷和赌徒们的保护神。

2 双蛇杖成为 医学的标志

　　偷牛事件后，宙斯被儿子的聪明才智所折服。他赋予赫尔墨斯传旨者和众神使者的工作。赫尔墨斯获得一双带翅膀的凉鞋，这样可以飞速传信。除了飞行鞋，他也获得一顶带翅膀的帽子。后来，带翅膀的帽子和鞋子成为赫尔墨斯的标志。作为众神使者，赫尔墨斯可以自由往来天、地、人三界，可以与冥界的魂灵对话。他也是亡灵的接引神，帮助死去的灵魂到达冥界。

　　从希腊神话故事中获得灵感，给品牌命名的例子并不少见，比如胜利女神耐克和体育运动品牌耐克，古希腊人的"神谕"和甲骨文软件公司等。作为商业守护神，赫尔墨斯成为爱马仕的品牌名，再合适不过了。不过，真相却是：公司创始人叫蒂埃利·爱马仕，所以选用这个名字。

　　赫尔墨斯为人所熟知的还有他的双蛇杖，也就是双蛇双翼之杖。学医的人一定很熟悉这个标志，很多医学院校、医疗机构的标志上就有它。有人说这个双蛇杖是阿波罗送给赫尔墨斯的礼物，代表友谊。18世纪，一位法国画家将丘比特和双蛇杖画在一起，完成《丘比特手持双蛇杖送信》（图4），表达美好的心愿（一种说法认为丘比特的爸爸是赫尔墨斯，因此，在这幅画中，丘比特一手拿象征爸爸赫尔墨斯的双蛇杖，一手拿象征妈妈维纳斯的玫瑰）。也有人说它是赫尔墨斯自己获得的。据说他看到两条蛇在打仗，就向它们扔了根小棍棒，试图阻止它们撕咬，没想到的是，那两条蛇随即缠绕在棍棒上，双蛇杖就这样诞生了。双蛇杖成为赫尔墨斯的标志，在荷兰画家亨德里克·霍尔奇尼斯绘制的《赫尔墨斯将潘多拉呈现给厄庇墨透斯国王》（图5）中，若

❹ 法国画家《丘比特手持双蛇杖送信》

❺ 亨德里克·霍尔奇尼斯《赫尔墨斯将潘多拉呈现给厄庇墨透斯国王》

❻ 庞培·吉罗拉莫·巴托尼《艺术的寓言》

不是因为双蛇杖，人们很难辨认出画中披着橙红色袍子的青年人就是赫尔墨斯。在意大利画家庞培·吉罗拉莫·巴托尼《艺术的寓言》（图6）中，象征绘画的女神在画布上画的青年男子也是赫尔墨斯，因为他手拿双蛇杖。

和双蛇杖类似的单蛇杖也经常出现在医学标志中，不过，它和赫尔墨斯无关，倒是和阿波罗的儿子、医神阿斯克勒庇俄斯有关。传统上的看法一般都认为单蛇杖是正宗的医学标志。在古希腊，蛇被认为是一种聪明的动物，它可以四处走动而不需要任何支撑物，它会定期蜕皮，能够自愈，象征再生。阿斯克勒庇俄斯用单蛇杖表明自己医者的身份。

但双蛇杖和单蛇杖为何会被混用？一种说法认为这源于炼金术。早期科学家曾尝试将贱金属炼成黄金，在这个过程中，炼金术士经常使用水银，而赫尔墨斯在罗马神话中被称作"Mercury"，即"墨丘利"，也就是水银，因此两者有了关联。双蛇杖成为专业精神和工匠精神的象征。此背景下，16 世纪，英国编年史学家约翰·凯斯选择双蛇杖作为剑桥大学医学院——冈维尔与凯斯学院的标志。这是英国历史上双蛇杖首次成为医学院的标志。20 世纪后，混用越来越普遍。1902 年，美国陆军医疗部采用双蛇杖作为其标志。之后，美国医学协会、法国军事部、美国卫生与公共服务部、美国海军医院也选择双蛇杖作为各自的标志。这个双蛇杖也被赋予了新的意义：保持健康和防止疾病。值得注意的是，世卫组织准确地选用了单蛇杖作为标志，中国卫生部门的标志也是单蛇杖。

在赫尔墨斯的手中，这个双蛇杖是个法器，具有催眠作用。有一次，赫尔墨斯遵从宙斯的命令用双蛇杖（另一种说法是吹笛子）将看守伊娥的百眼巨人阿古斯催眠，然后把他干掉。赫尔墨斯智斗百眼巨人的情节被很多艺术家呈现于画作、陶器上，其中包括荷兰画家亚伯拉罕·布洛马特的《赫尔墨斯、阿古斯和伊娥》（图 7）。赫尔墨斯双管齐下，靠笛子和双蛇杖战胜了怪兽。

❼ 亚伯拉罕·布洛马特《赫尔墨斯、阿古斯和伊娥》

这幅画中，赫尔墨斯正在吹笛子。

他的右脚旁放着双蛇杖。

旁边的阿古斯已经不省人事。

3 乐善好施，还是狂妄自大？

赫尔墨斯英勇无畏，他杀死百眼巨人阿古斯，解救伊娥，从巨人欧特斯和埃菲耶手中救回战神阿瑞斯。在特洛伊战争中，他帮助奥德修斯战胜基尔克的妖术。正是凭借赫尔墨斯送给他的剑，珀尔修斯才砍下美杜莎的头颅。珀尔修斯的头盔和凉鞋，也是赫尔墨斯借给他的。

赫尔墨斯喜欢独自去地球闲逛，除了去看人间繁华，他也悄悄地帮助旅人。凡人很快知道了这一秘密，不久，每个迷路的人，或在生活中遭受苦难的人，都会向赫尔墨斯求助，赫尔墨斯随叫随到。他从一个爱偷东西、爱说谎的小恶魔变成了一个古道热肠的神。

男神的故事被后人津津乐道，《伊索寓言》中几次提到赫尔墨斯。不过，在一则寓言中，这么一位热心善良的男神却被塑造成了爱慕虚荣的神。《赫尔墨斯和雕像者》讲的是赫尔墨斯的一次凡间经历。他突发奇想，想知道大名鼎鼎的商业之神在人间到底受到多大的尊重。于是，他来到一家卖雕像的店里，问店主宙斯的雕像卖多少钱，店主回答他"一银圆"，之后他又指着赫拉的雕像问卖多少钱，卖家表示"比宙斯贵一点"。最后他指着自己的雕像问价格，店家瞄了他一眼，说："如果你买了前两个雕像，这个就白送给你。"这则寓言揭示了赫尔墨斯的自命不凡、自以为是，讽刺爱慕虚荣、狂妄自大的人。另一则寓言讲的是赫尔墨斯和乌龟的故事。在宙斯和赫拉的婚礼上，赫尔墨斯邀请了所有的动物，但乌龟却没有出席。赫尔墨斯很生气，质问它为什么不来，乌龟回答说它更喜欢待在自己的家里。赫尔墨斯怒火冲天，就让它永远待在它的家里了。这里的赫尔墨斯蛮横无理又不近人情。

赫尔墨斯一出生就爱捣乱，年幼的他向父亲许诺会痛改前非，父亲看出他的禀赋，并对他委以重任，赫尔墨斯自此成为一个守规矩、忠于职守、热心助人的神。然而，他一生都不得不背负"盗贼"这个恶名，以至于人们常拿他开玩笑。人非圣贤孰能无过，神也会有错。赫尔墨斯成长的一生，也是一个普通人成长的一生。

Chapter 12

阿塔兰忒，

打野猪的
女汉子

希腊英雄多以男性为主，
阿塔兰忒是为数不多的希腊女英雄之一。
她的名字源于希腊语 Atalantos，
意思是"体重相等"，
这大概表明她巾帼不让须眉，
各种能力不啻男性。
1843 年，英国女王维多利亚到访法国，
得到法国国王路易·菲利普一世
作为见面礼赠送的两幅挂毯画，
内容便是希腊英雄墨勒阿革洛斯和
阿塔兰忒围捕野猪，
以及阿塔兰忒为死去的墨勒阿革洛斯
哭泣的场景。

卡吕冬狩猎 惹是非 1

传说，阿塔兰忒一出生就被父亲伊拉修斯遗弃于山野，因为他想要的是儿子。一只母熊将阿塔兰忒衔回去喂养。后来，阿塔兰忒从猎人那里学会射箭、打猎，成为一名优秀的猎手。她曾轻而易举地射死两个袭击她的半人马，并和众多希腊英雄一起，在卡吕冬狩猎中制服了凶残的野猪，这段经历是她最有名的冒险故事。捕猎野猪行动的召集者墨勒阿革洛斯对阿塔兰忒一见钟情，将猎获的野猪头送给了她。墨勒阿革洛斯的几位舅舅对此大为不满，墨勒阿革洛斯一怒之下杀死了舅舅们。他因爱失去理智，迎接他的是死亡的宿命。

古往今来，捕猎卡吕冬野猪是欧洲艺术家们热衷画的题材，特别是在基督教早期，相关场景多次出现在古墓石棺上。比如，罗马的卡比托利欧博物馆陈列着两个名为"阿塔兰忒猎猪"的古墓，牛津大学的阿什莫林博物馆收藏有一个可追溯到公元 2 世纪名为"猎杀卡吕冬野猪"的石棺。英国大英博物馆也收藏有一幅公元 4 世纪的捕猎卡吕冬野猪马赛克画，呈现的是坐在驰骋的马上准备猎狮的阿塔兰忒和准备猎豹的墨勒阿革洛斯。

鲁本斯向来喜欢画希腊罗马神话，阿塔兰忒和墨勒阿革洛斯的悲惨故事令他一生都为之着迷。他最早画了一幅卡吕冬狩猎的场景：画中阿塔兰忒在射箭，墨勒阿革洛斯站在她的旁边，时刻准备着进行最后一击。在另一幅名为《阿塔兰忒和墨勒阿革洛斯》（图 1）的油画中，阿塔兰忒抱着野猪头，深情脉脉地望着墨勒阿革洛斯。鲁本斯像往常一样将阿塔兰忒画得

❶ 鲁本斯《阿塔兰忒和墨勒阿革洛斯》

丰腴健硕，令画作充满活力和动感，体现了他对女性健康性感的审美倾向。

和鲁本斯齐名的佛兰芒巴洛克画师雅各布·约尔丹斯也从阿塔兰忒的故事中获得了灵感。比利时的皇家安特卫普美术馆收藏了约尔丹斯于1618年完成的油画《墨勒阿革洛斯和阿塔兰忒》（图2）。

画中的人物以画师所在年代人物的样貌呈现，阿塔兰忒像一位生活富裕的农妇，抱着心上人赠送的野猪头。

而墨勒阿革洛斯则被画成一个样貌普通的农村小伙。

几位长者做出阻止的姿势。

❷ 雅各布·约尔丹斯《墨勒阿革洛斯和阿塔兰忒》

画师将希腊英雄世俗化，以此吸引更多受众。后来，约尔丹斯又画了一幅同名画，呈现的是猎杀卡吕冬野猪故事的高潮：墨勒阿革洛斯的几个舅舅抢走了阿塔兰忒手中的野猪头，愤怒的墨勒阿革洛斯正要拔剑，而阿塔兰忒深情地望着心上人，摁着他的手，试图阻止他复仇。这幅画的创作历时二三十年，约尔丹斯于1620年前后画了右边的人物，其风格与他早期的创作风格相吻合。他当时的画风深受鲁本斯的影响，注重光线的运用，因此他在这幅画中，用强烈的明暗对比，令场景充满悲剧感。画作左边的人物于1640—1650年完成，画风更接近画师晚期的创作风格，光线甜美柔和。整体上看，这幅画充满诗意，体现了英雄的爱与激情。

被画成美丽的女子 2

　　除了擅长打猎，阿塔兰忒也擅长跑步，是斯巴达跑得最快的人。她不想结婚，但因她的美丽和聪慧，追求她的人络绎不绝。于是，她想到一个解决方案：跑步比赛。谁比她跑得快就可以娶她，跑得慢的就要被处死。大多数男子败下阵来，只剩一个名叫希波墨涅斯的小伙子。当看到阿塔兰忒快要超过他时，他往赛道上扔了一个金苹果，阿塔兰忒被美丽的金苹果吸引，停下来去捡它，希波墨涅斯趁机冲刺获胜。

　　英国新古典主义画家约翰·威廉·高多德被阿塔兰忒的形象深深吸引，高多德一生都在画美女，擅长用柔软的纱织服饰来体现女性的神秘和美丽。他画笔下的美女大都温婉柔美，充满古典气质，他画的阿塔兰忒也不例外。画于 1899 年的那幅《阿塔兰忒》（图 3）中，阿塔兰忒披着黄色的纱巾，俊俏的脸庞隐约可见，而创作于 1908 年的《阿塔兰忒》（图 4）呈现的是阿塔兰忒的侧脸，吸引观者将目光停落在她蓝色的眼睛、高挺的鼻梁和柔美的皮肤上。画作的背景是大理石墙面，纹理清晰，温润的质感呼之欲出。高多德认为作品越逼真越好，在画人物像时，通常会先比照模特完成裸体画像，然后再给人物画上一层衣服。

❸ 约翰·威廉·高多德
《阿塔兰忒》（1899 年）

❹ 约翰·威廉·高多德
《阿塔兰忒》（1908 年）

　　然而，高多德所呈现的阿塔兰忒单纯、柔弱、不谙世事，不像是一个会射箭的女子，也不像是一个善于跑走的女猎手。这样的呈现似乎寓意：这个女人终究是软弱的，终究摆脱不了宿命的安排；她跑再快也不是猎人，而只是一个猎物。

　　威尔士艺术家斯托弗·威廉姆斯也将阿塔兰忒画成了美丽的女子，这幅名为《阿塔兰忒》（图 5）的画现藏于威尔士的格林·维维安美术馆。这幅画所展现的是一个自尊自信的女性形象。画中，一位身穿一袭红裙的女子慵懒地靠在豹皮上，坐在水果花丛中。她是女性化的，也是现代女性的模样，她的目光坚毅，表情泰然自若，端庄而美丽。象征不和、诱惑和英勇的苹果已经被色彩更柔和、象征爱情的橘子所替代。她的裙边有一只鸽子，表明对战争的否定。画中的豹皮是从商店买来的，而非来源于狩猎。威廉姆斯评价：她是一位和男性平等的女性，她无须在充满冲突和竞争的男性舞台上便可以证明这一点。

❺ 斯托弗·威廉姆斯《阿塔兰忒》

3 被视为 "奇怪的女人"

阿塔兰忒的故事影响着后世的文学创作。英国诗人、剧作家阿尔加侬·查尔斯·斯温伯恩于 1865 年创作的戏剧《阿塔兰忒在卡吕冬》探讨家人之间的爱恨与冲突，被认为是其最好的作品。

英雄们将野猪拿下后，墨勒阿革洛斯为了心爱的姑娘而杀死了几个舅舅。他的母亲得知此事后，悲伤欲绝。她想起命运女神对她的警告：炉子上的那块木片被火烧完时，就是他儿子生命的终点，于是，她将那块木片藏起。此刻，在姐弟之爱和母子之爱的折磨下，她最终决定将木片投入火炉，选择自杀。斯温伯恩戏剧的大部分笔墨用于描写墨勒阿革洛斯的妈妈阿尔泰亚。在当时的社会环境下，姐弟之爱浓于母子之爱，这大概也是她放弃儿子的主要原因。而同时，她杀子的决心有些动摇，因为对阿塔兰忒心生怨恨，认为是这个女人导致了这场悲剧。

在斯温伯恩的戏剧中，阿尔泰亚将阿塔兰忒视为 "奇怪的女人"。首先，她不是埃托利亚人，也算不上和卡吕冬家族有任何关系的人，而是一个外来者和侵入者。其次，阿尔泰亚认为阿塔兰忒是一个 "反常" 的女人，指出她是熊养大的孩子，不会纺纱、编织、做饭，拒绝履行女人的义务、拒绝承担女人的责任。因此，女性的 "不正常" 和男性的 "正常" 发生冲突，导致了这个悲剧。美国社会学家费立浦·史莱特认为，阿塔兰忒的故事是 "性别冲突" 的典型事例。在卡吕冬狩猎中，参与的猎手大都是男性，一个女猎手的参与本身就是对男猎手的挑衅。并且，女猎手在男猎手的目睹下，第一个成功猎杀野猪，这对男猎手们而言，也是一种屈辱。墨勒阿革洛斯对阿塔兰忒一见钟情，并制造机会帮助她展示狩猎的才能和勇气，还将战利品赠予她，认可她在狩猎中的贡献，但他的做法并没得到其他男猎手的支持，反而激怒了他们。

阿塔兰忒的故事于 19 世纪下半叶在英国复活，也许并非巧合。在希腊神话世界里，人们重男轻女的思想非常明显，但女性意识在不断地觉醒着。到了 19 世纪中期，随着英国工业革命的展开，大量女性走进劳动力市场，拥有自己的收入，并逐渐意识到自己的权利。无论是阿塔兰忒的故事，还是斯温伯恩的戏剧，都启发人们思考男女平等这个话题。

实际上，在 1863 年，即斯温伯恩的戏剧出版的两年前，英国诗人沃尔特·萨维奇·兰多已经发表了诗歌《希波墨涅斯和阿塔兰忒》，此前，德国作曲家亨德尔生也创作了歌剧《阿塔兰忒》。继续向前追溯，哈布斯堡王朝的顾问、德国医师、作曲家迈克尔·迈耶曾于 1617 年出版著作《逃亡的阿塔兰忒》。

希腊英雄中，女英雄屈指可数，以阿塔兰忒为主人公的故事显得难能可贵。她喜欢冒险，喜欢打猎、摔跤和跑步；她好战、英勇，体能不誉男性。她的名字所寓意的"体重相等"本身就暗示着性别平等。有人将阿塔兰忒视为世界上第一个女权主义者。阿塔兰忒对欧洲文化艺术带来深远的影响，无论是约尔丹斯对她世俗化的呈现，还是高多德把她画得唯美，或是斯温伯恩将她视为"奇怪的女人"，她的故事都会持续启发世人推动两性平等。

伊阿宋，薅羊毛的"渣男"

Chapter 19

很多人记得 1963 年的电影
《伊阿宋战群妖》中经典的一幕：
伊阿宋和阿尔戈号的英雄们大战骷髅士兵。
这组复杂巧妙的镜头用定格动画拍摄，
出自电影特效大师雷·哈里豪森之手，
至今难以超越。
随着这个片段的流传，
希腊英雄伊阿宋的故事被更多人知晓。

取得金羊毛的
英雄被爱情杀死 1

在美国大都会艺术博物馆的第604展室，悬挂着两幅由意大利文艺复兴时期的画家比亚乔·安东尼奥于1465年绘制的蛋彩画《阿尔戈英雄的故事》（图1、图2）。因为镀了金，它们看上去金碧辉煌。这两幅画像是连环画一样，叙述了伊阿宋和阿尔戈英雄（以他们的船阿尔戈命名）获取金羊毛的故事。

传说，伊阿宋的父亲埃森原本是爱俄尔卡斯王国国王，但王位遭同父异母的哥哥珀利阿斯篡夺。伊阿宋长大后，誓要争回王位。珀利阿斯惶惶不可终日。他想了一个计谋，向伊阿宋许诺：如果他能取回金羊毛（一只会飞、会说话的名叫克律索马罗斯的公羊的毛），就把王位交给他。获取金羊毛难

❶ 比亚乔·安东尼奥《阿尔戈英雄的故事》

❷ 比亚乔·安东尼奥《阿尔戈英雄的故事》

于上青天，叔叔认定侄子必死无疑。孰料，伊阿宋却在众神的帮助下拿到了金羊毛。

在第一幅画中，伊阿宋接受佩里阿斯国王的委托去取金羊毛，他和赫拉克勒斯、俄耳甫斯等英雄一起来到皮立翁山顶向半人马喀戎请教，画面的远景中有伊阿宋所乘坐的阿尔戈号。第二幅画所呈现的场景包括国王埃厄忒斯和他的两个女儿会见伊阿宋，俄耳甫斯哄恶龙入睡，以及国王派人去抓伊阿宋和美狄亚等。后人分析，这两幅蛋彩画很可能原本安装在两张长凳的靠背上，或悬挂在卧室的墙上。

在伊阿宋取得金羊毛的过程中，法力高强的女巫美狄亚公主起了重要作用。然而，安东尼奥的蛋彩画中极少涉及美狄亚。伊阿宋拿到金羊毛后，故事并没有结束。珀利阿斯不遵守诺言，拒绝放弃王位，于是，美狄亚用巫术杀死了珀利阿斯。珀利阿斯的儿子阿卡图斯诬陷伊阿宋谋害国王，并将他驱逐出境。伊阿宋和美狄亚私奔到科林斯，开始新生活。谁料 10 年后，伊阿宋背弃诺言，爱上了别的女人。美狄亚痛不欲生，杀死了自己和伊阿宋的孩子，也杀死了伊阿宋的新娘。而伊阿宋也没有好下场，被自己的船砸死。

18 世纪中期，法国画家让·弗朗索瓦·德特洛伊在他设计的挂毯画中展现了美狄亚和伊阿宋相爱的更多细节。这套挂毯画包含 7 幅画，是画师受法国戈布兰挂毯画制造商委托设计的。德特洛伊选择绘画的 7 个主题分别是：伊阿宋向美狄亚发誓永远爱她（图3），伊阿宋驯服公牛，伊阿宋与从龙牙诞生的战士搏斗，伊阿宋和美狄亚在朱庇特神庙，伊阿宋和美狄亚离开科尔基斯，克鲁萨被毒袍吞噬和美狄亚站在战车上。挂毯画商根据德特洛伊的设计，至少编织了8套完整的挂毯画。如今，其中一套挂在凡尔赛宫，另一套被英国维多利亚和阿尔伯特博物馆收藏。

有人分析，该系列挂毯画旨在表现法国国王路易十五的勇气，但德国浪漫主义作家歌德却不这样认为。1770年，该系列挂毯画在莱茵河畔的一个亭子里展出，歌德恰好经过。这个亭子是为欢迎玛丽·安托瓦内特公主建造的，安托瓦内特公主当时正前往法国，和法国太子（未来的国王路易十六）结婚，而后者在法国大革命期间被处死。歌德认为，伊阿宋和美狄亚的爱情悲剧预示着法国王室未来的悲惨境遇。

❸ 让·弗朗索瓦·德特洛伊
《伊阿宋向美狄亚发誓永远爱她》

2 与格鲁吉亚的不解之缘

伊阿宋历经千辛万苦取得了金羊毛。在希腊神话中，金羊毛是稀世之宝，象征着荣耀，代表着皇室和王权，拥有金羊毛的人被视为真正的统治者。因为这样的渊源，金羊毛具有特殊的含义。对古代伊特鲁里亚人来说，金羊毛预示着氏族的繁荣；在青铜时代统治安纳托利亚高原的赫梯王国，人们会在更换王权的庆典活动中悬挂金羊毛。

伊阿宋和阿尔戈英雄寻找金羊毛的地方位于今天的格鲁吉亚。有人将金羊毛的故事和当地一种从溪流中洗金的方法联系起来。人们将铺了羊毛的木架沉入溪流中，于是，从上游砂矿冲下来的金色颗粒便聚集在了羊毛上。等金色颗粒足够多后，人们再将羊毛挂在树上晾干，随即剥下这些金色颗粒。也有人声称《金羊毛》是一本书，其中记载了加工黄金的秘密技术。

于是，金羊毛和格鲁吉亚结下了不解之缘。金羊毛的形象经常出现在格鲁吉亚的纹章和旗帜上。2006年，格鲁吉亚发行了一种面额为10拉里的纪念币，纪念币的一面是金羊毛的图案。金羊毛勋章始发于1998年，是由格鲁吉亚政府颁授的荣誉奖章，授予对象包括维护格鲁吉亚主权、安全和领土完整的外国公民和组织等。在格鲁吉亚黑海边上的城市巴统，矗立着一座手举金羊毛的美狄亚的雕塑。1984年，格鲁吉亚还迎来了"现代伊阿宋"。英国探险家蒂姆·塞维林和他的同伴们乘坐仿造的阿尔戈号帆船，沿着伊阿宋和阿尔戈英雄的航线航行，重走寻求金羊毛之路。他们从希腊北部出发，穿过达达尼尔海峡、马尔马拉海和博斯普鲁斯海峡，最终到达格鲁吉亚，总航程约 2400 公里。

伊阿宋寻找金羊毛的故事深入人心，也给艺术家们带去很多灵感。维也纳美泉宫的花园里矗立着手持金羊毛的伊阿宋雕像（图 4），这座雕像令人望而生畏；佛罗伦萨的巴杰罗博物馆陈列着同样主题的雕像，这座雕像中的伊阿宋趾高气扬，脸上流露着胜利的喜悦（图 5）。在众多作品中，金羊毛的样子大同小异，然而有位画师笔下的金羊毛却令人大跌眼镜。1630年，佛兰德画家扬·伊拉斯姆斯·奎利纳斯画了油画《伊阿宋和金羊毛》（图 6），搭在伊阿宋左手臂上的羊头，越看越像牛头。奎里那斯二世也没有按照《变形记》的描述画伊阿宋取金羊毛的场景，而是依据公元 1 世纪古罗马作家盖乌斯·尤利乌斯·许癸努斯的描述。画中，伊阿宋偷走了挂在战神庙里的金羊毛后，一边向外跑，一边回头看摆在庙内的战神玛尔斯的雕塑。据考证，这座雕塑是画师比照当时卡比托利欧博物馆内的一座真雕塑制作的。

❹ 维也纳美泉宫手持金羊毛的伊阿宋雕像
（摄影：崔莹）

❺ 巴杰罗博物馆手持金羊毛的伊阿宋雕像
（摄影：崔莹）

❻ 扬·伊拉斯姆斯·奎利纳斯《伊阿宋和金羊毛》

为爱疯狂的 美狄亚 3

公元前 5 世纪，古希腊悲剧作家欧里庇得斯创作的《美狄亚》讲的便是伊阿宋和美狄亚的爱情故事。这部作品被誉为古希腊三大悲剧之一。美狄亚为帮助伊阿宋获得金羊毛不顾一切，欧里庇得斯在《美狄亚》中写道，她的心"因对伊阿宋的爱而疯狂"。这种热情让她顺从丈夫，摧毁所有反对他们的人。然而，美狄亚的牺牲所获得的回报却是丈夫的忘恩负义。美狄亚在狂怒和愤恨的驱使下决定复仇。

18 世纪法国荷兰裔画家查尔斯 - 安德烈·范·卢画过至少 3 幅美狄亚杀死两个儿子，和伊阿宋对峙的油画。在《美狄亚和伊阿宋对峙》（图 7）中，美狄亚站在战车上，一手举火把，一手拿刺刀，直面正欲拔剑的伊阿宋。空气中弥漫着火药味，冲突一触即发，但是美狄亚目光坚毅，面色冷峻。画中所呈现的伊阿宋不是侧面像就是背面像，显然这幅画突出的是美狄亚的形象。画师根据当时法国著名女演员克莱尔小姐在舞台上扮演的美狄亚的形象创作了这些作品。

当然，也有画师热衷画两人和平相处的情景。英国前拉斐尔派画家约翰·威廉·沃特豪斯于 1907 年完成油画《伊阿宋和美狄亚》（图 8）。画中，美狄亚正为伊阿宋准备魔法药水。美狄亚表情肃穆，脸上带着隐隐的忧伤，和欧里庇得斯的《美狄亚》中的悲剧色彩不谋而合。此时，伊阿宋低着身子，谦卑而顺从，也和他之后的负心汉形象形成鲜明对比。在荷兰画师费迪南德·波尔于 1664 年创作的油画《伊阿宋和美狄亚》（图 9）中，两人促膝而坐，

❼ 查尔斯－安德烈·范·卢　　❽ 约翰·威廉·沃特豪斯
《美狄亚和伊阿宋对峙》　　《伊阿宋和美狄亚》

❾ 费迪南德·波尔《伊阿宋和美狄亚》

似乎正在共同憧憬美好的未来。

　　法国象征主义画家居斯塔夫·莫罗于 1865 年创作的《伊阿宋和美狄亚》（图 10）描绘的也是两人没有冲突时的情景。莫罗似乎故意避开伊阿宋取金羊毛过程中的刺激和冒险，呈现的是一个平静的伊阿宋。美狄亚站在伊阿宋的身后，画中也看不到金羊毛。画师并没有直接用画面讲故事，而是提供符号，让观者自己推测可能发生的故事。

伊阿宋和美狄亚的爱情悲剧经常被拍成电影或改编成戏剧，比如意大利导演皮埃尔·保罗·帕索里尼和丹麦导演拉斯·冯·提尔等都曾拍过电影《美狄亚》，德国法兰克福剧院和英国国家剧院也都推出过舞台剧《美狄亚》。美狄亚的痴情和她的抗争令人唏嘘，而伊阿宋不遵守诺言，见异思迁的行径也令人唾弃。

毫无疑问，伊阿宋是有勇有谋的希腊英雄，他不惧叔叔的权威，带领阿尔戈船的勇士们寻求金羊毛，一路斗火牛、战武士，制服恶龙，最终凯旋。伊阿宋取羊毛的故事为艺术家们带去创作的灵感，而传说中的金羊毛所在之地格鲁吉亚也因此被蒙上一层神秘的色彩。然而，伊阿宋野心勃勃，对女色和权力的向往驱使他抛弃结发妻，他最终不得善终。伊阿宋和美狄亚的爱情悲剧世代流传，让人们感受着爱情的热烈，也感受着背叛爱情的巨大破坏力。

⑩ 居斯塔夫·莫罗《伊阿宋和美狄亚》

画中，左边柱子顶部
的公羊头象征金羊毛。

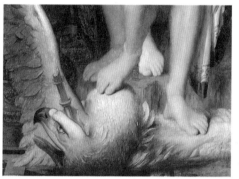

守护金羊毛的恶龙被描绘成鹰，被伊阿宋踩在脚底下。

伊阿宋手中举着标枪，标枪的断头嵌
在鹰的身上。这有些令人疑惑，因为
在传说中，恶龙是被美狄亚的药水催
眠，而不是被标枪射伤的。

美狄亚的右手拿着一个小瓶，身上
缠绕着有毒的植物，这象征着巫术，
似乎在暗示未来她将会对情敌下毒。

缠绕在柱子上的两排字所表达的是：美狄亚
对伊阿宋充满信任，但伊阿宋只把她看成等
同于金羊毛的另一个战利品。这幅画表面上
没有什么冲突，但实际上早已暗流涌动。

忒修斯，迷宫逃生第一人

Chapter 20

古希腊神话中的英雄
忒修斯是传说中的雅典国王。
他曾经杀死牛头怪，
对抗亚马孙人的进攻，
还留下了"忒修斯之船悖论"等典故。
无论是作为勇士还是作为国王，
他都干得不错，
对西方的文学艺术
甚至园林设计均产生了深远的影响。

瓶画里的英雄之举 1

　　早在公元前 8 世纪前，古希腊人就开始在陶器上作画，内容以希腊神话和日常生活为主，这类装饰画被称为瓶画。忒修斯的故事是常见的瓶画题材。美国大都会艺术博物馆便收藏有众多以忒修斯为主题的瓶画，其中一组红绘风格的瓶画令人印象深刻。

　　该博物馆第 155 展室陈列着一只双耳陶瓶，其瓶画呈现的是忒修斯在克里特岛的迷宫里杀死牛头怪的场景。牛头怪为半人半牛，是克里特国王米诺斯之妻帕西菲和公牛所生，以年轻男女为食，凶暴残忍。忒修斯决定为民除害，在克里特公主阿里阿德涅的帮助下将其杀死。出发时，忒修斯和父亲——爱琴国王埃勾斯约定，如果自己胜利归来，就把船上的黑帆换成白帆。遗憾的是，忒修斯忘记了这个约定。埃勾斯看到船上依旧挂着黑帆，以为儿子死了，故而跳海自杀。为了纪念埃勾斯，人们把那片海称作爱琴海。

　　关于忒修斯的身世，还有一种说法是：他的父亲不是埃勾斯，而是海王波塞冬。大都会博物馆第 157 展室陈列的一只陶酒杯绘有两组内容：一组是忒修斯前往克里特岛前，向父亲波塞冬和继母安菲特里忒告别；另一组是胜利归来的忒修斯返回雅典，受到雅典娜的热烈欢迎。画面中，波塞冬被塑造成半人半鱼形象，而不是留着络腮胡、手拿三叉戟，或一脸霸气地坐在金色马车里掠过海浪的模样。

　　博物馆第 159 展室陈列着一个古希腊人装酒水用的陶器，其瓶画上绘的是忒修斯正在降服一头公牛（图 1）。传说，忒修斯在前往阿提卡的途中，

❶ 忒修斯降服一头公牛的希腊瓶画
（来源：Wikimedia Commons/MET）

一路完成了许多壮举，包括捕获了一头在马拉松附近为非作歹的公牛，并把它作为祭品献给了阿波罗。

博物馆第 171 展室陈列的一只双耳陶罐上的瓶画展示了忒修斯和亚马孙女战士搏斗的场景。亚马孙部落生活在黑海附近，成员全是骁勇善战的女战士。传说，忒修斯对亚马孙女王安提俄佩一见倾心，便将其骗到雅典，硬是和她成了亲。亚马孙女战士对此极为不满，遂对雅典发动进攻。瓶画中的亚马孙女战士戴着头盔，身穿装饰着花花图案的裙装，似乎在表明：她们即使参战，也不忽略女性之美。这些瓶画将人们带回古代战场，在突出忒修斯英雄形象的同时，也描绘了敢爱敢恨、妩媚动人的亚马孙女战士。

希腊陶瓶产量巨大，还出口到希腊之外的城邦。伴随着希腊陶瓶的流行，忒修斯的英雄之举和相关的神话故事也广为流传、深入人心。

迷宫风靡世界 2

牛头怪的藏身处和葬身地名为米诺斯迷宫，是世界上最古老的迷宫。它是古希腊工匠代达洛斯与其子伊卡洛斯所建。传说，忒修斯自告奋勇来到克里特斩杀牛头怪，阿里阿德涅公主对他一见钟情，加上痛恨父亲的残忍（米诺斯要国民送年轻男女供养牛头怪），便冒着生命危险送给忒修斯一个线团。

很多画作描绘了公主送忒修斯线团的场景，如荷兰画师威廉斯·特瑞克的《忒修斯和阿里阿德涅》（图 2）和德国画师鲁道夫·苏尔兰特的《忒修斯和阿里阿德涅》（图 3）等。在这两幅画作中，忒修斯都被画成风度翩翩的英俊男子，而公主看上去美丽贤淑。

忒修斯靠着线团走出了迷宫，成为迷宫逃生第一人。后来，"阿里阿德涅线团"成为一个著名的古希腊神话典故，寓意走出迷宫的路径和解决复杂问题的线索。柏拉图评价："这是一条令人困惑的路，没有可供循迹的线索。然而，若你在它的中心不被其吞噬的话，尽管百转千回，它的确可以通回起点。"

如今，欧洲的城堡或大庄园经常设有迷宫，欧洲园林几乎都是"迷宫控"，这些迷宫主要用来娱乐，也为秘密会见提供隐秘的场所。据说，英格兰金雀花王朝亨利二世将他的情妇罗莎蒙德藏在伍德斯托克公园的一座迷宫中，只有借助丝线才能找到她的具体位置。然而，王后埃莉诺妒忌罗莎蒙德，发现了丝线的秘密后找到她，让她在匕首和毒药之间做出选择，罗莎蒙德只得饮鸩自尽。此后，国王再也没有笑过。荷兰国王威廉三世于 1682 年在罗宫（现

❷ 威廉斯·特瑞克《忒修斯和阿里阿德涅》　　❸ 鲁道夫·苏尔兰特《忒修斯和阿里阿德涅》

为荷兰皇室博物馆）建了一座树篱迷宫，又于 1690 年前后在汉普顿宫建了另外一座迷宫。自 17 世纪末开始，建造树篱迷宫成为英国的时尚，塔顿公园、阿尔伯特公园、门特莫尔塔、纳布沃思故居和布罗姆维奇城堡等都兴建了树篱迷宫。

　　到 19 世纪中期，意大利风格的花园在英国流行，而树篱迷宫成为其必不可少的元素。英国最著名的树篱迷宫要数利兹城堡的树篱迷宫，它由 2400 棵紫杉树构成，若站在中心向外看，会发现有一部分很像女王的王冠。

　　古希腊迷宫催生了更多迷宫，也影响了后世的文学创作。莎士比亚在《仲夏夜之梦》第二幕中写道："九个人的莫里斯舞服染上污泥；漫漫绿色中奇趣的迷宫；无人睬她难以辨识。"奥地利小说家弗朗茨·卡夫卡虽然没有经常使用"迷宫"这个字眼，也没有创作以迷宫为主题的作品，但他的作品晦涩难懂，被评论家称为"迷宫般的文字""充满比喻的文字迷宫"。阿根廷作家博尔赫斯从古希腊神话中的迷宫和维吉尔的史诗《伊尼德》中所述的克里特岛迷宫获得启发，创作了大量迷宫小说。在他的作品《死于自己的迷宫的阿本哈坎－艾尔－波哈里》中，大臣萨伊德建造了一座迷宫，并借助它成功除掉国王。

　　阿里阿德涅公主帮助忒修斯走出了迷宫，还和他一起逃离克里特岛，但她最终被忒修斯抛弃。公主帮助心上人走出了有形的迷宫，自己却在感情的迷宫里走失。善良美丽的公主获得了艺术家们的钟爱，英国画家乔治·弗雷德里克·沃茨和美国画家阿什·布朗·杜兰都曾画过《阿里阿德涅公主》（图4、图5），瑞士新古典主义女画家安吉莉卡·考夫曼用油画《阿里阿德涅公主被忒修斯抛弃》（图6）呈现阿里阿德涅公主悲伤欲绝的模样。

❹ 乔治·弗雷德里克·沃茨
《阿里阿德涅公主》

❺ 阿什·布朗·杜兰
《阿里阿德涅公主》

《阿里阿德涅公主被忒修斯抛弃》

❻ 安吉莉卡·考夫曼

3 "忒修斯之船" 启发世人

　　忒修斯给世人留下的另一个文化遗产是关于"忒修斯之船"的悖论。当年，忒修斯杀死牛头怪，救下差点被怪兽吞噬的男孩和女孩，便乘船离开克里特岛返回雅典。人们为纪念他的壮举而一直维修保养他那艘船。时光流逝，那艘船早已变得破旧不堪，人们先后更换了甲板、船梁。直至后来，船上的每部分都变成了新的。此时，人们不禁发问：那艘忒修斯之船还是原来那艘吗？一部分人认为是的，另一部分人则不同意。

　　关于"忒修斯之船"最早的讨论出现在公元 1 世纪希腊作家普鲁塔克的著作《希腊罗马名人传》中。普鲁塔克提出：如果这艘船所有的木头都不是原来的木头，那它还是原来的那艘吗？后来，这个问题被称作"忒修斯之船悖论"，是西方哲学中最古老的话题之一。赫拉克利特、苏格拉底和柏拉图都曾经探讨过类似的问题。它也可以延展到其他对象。比如，什么是物理对象？物理对象本身若发生变化，又如何保持不变？同一棵树，在夏天里是郁郁葱葱的，在冬天里却是光秃秃的，所以，我们又该如何理解变与不变？

　　"忒修斯之船悖论"影响了很多文学创作。在美国作家莱曼·弗兰克·鲍姆的儿童作品《绿野仙踪》中，樵夫尼克·切伯被奥兹国的魔女下了咒，用斧头陆续砍掉了自己的四肢及躯体。善良的铁匠每次都帮他用锡制假肢替代被砍掉的部分。尼克最终变成了锡樵夫，但他还是以前那个他，因为他依然拥有之前的头脑。1940 年，英国作家乔治·奥威尔在《狮子与独角兽》一文中也影射了"忒修斯之船悖论"："在 1920 年到 1940 年，英国社会出现了化学反应般的变化。然而，在撰写本文时，仍然可以谈论统治阶级。就像一把新刀，有两个新刀刃和三个新刀柄，但英国社会的上层阶级几乎仍然是 19 世纪中期的样子。"在加拿大小说家彼得·沃茨 2006 年出版的科幻小说《盲视》中，船员们乘坐的宇宙飞船就叫"忒修斯"。它是一艘人工智能船，在受损时可以自行制造、更换部件，并可以为受伤的船员疗伤，或更换器官。

希腊瓶画、遍布欧洲的迷宫、"忒修斯之船悖论"等，都和忒修斯有着紧密的联系。人们在赞赏忒修斯的英雄气概时，也难以忽视他对女性的态度：他对阿里阿德涅始乱终弃、强行和亚马孙女王成亲、并曾绑架未成年的海伦。当然这也不难理解，因为希腊英雄通常都是半人半神，他们既有神性也有人性，有七情六欲和各种缺点，因为不完美，忒修斯才令人感到真实。

赫菲斯托斯，爱打铁的火神

Chapter 21

"潘多拉的盒子"通常令人闻之色变，
它装着人世间所有的邪恶，
包括疾病、饥荒、瘟疫、忌妒、贪婪和仇恨等。
这个盒子精美至极，
打造它的是希腊神话中的火神、
锻造与砌石之神、
雕刻艺术之神赫菲斯托斯，
也就是罗马神话中的火神与工匠之神伏尔甘。
宙斯将这个盒子作为礼物
送给了人类第一个女人潘多拉，
这个女人也是赫菲斯托斯打造的，
他还打造了众神的武器和
建造了神界的众多建筑等。
赫菲斯托斯技艺高超，
却命运多舛。

用尽才智打造
"阿喀琉斯之盾"
1

世人都说虎毒不食子，但赫菲斯托斯的生母却无比残忍。赫拉独自产下赫菲斯托斯后，见他相貌奇丑、身体残疾，便将他扔下了奥林匹斯山。幸好海洋女神忒提斯救起他，把他藏进大海深处的洞穴里，并抚养他长大。海洋女神教他锻造术，把他培养成技艺精湛的工匠。宙斯的闪电长矛、波塞冬的三叉戟、哈迪斯的双股叉、太阳神赫里阿斯（即阿波罗）驾驶的太阳马车等都是他铸制的。在火神打造的众多物品中，最令人惊叹的是阿喀琉斯的盾牌。

阿喀琉斯是希腊神话中的英雄，为了给好友报仇，他决定向特洛伊城发起进攻。他的母亲忒提斯无比担忧，便请赫菲斯托斯为阿喀琉斯打造一块盾牌，护他周全。这是报答养母之恩的最佳时机，于是，赫菲斯托斯用尽才智打造了一块盾牌。荷马在《伊利亚特》第十八章描写这块盾牌：从中心向外，一层一层，分别是地球、天空、海洋、太阳、月亮和星座，盾牌上呈现了两座城市，在其中一座城市，赫菲斯托斯刻画了一场婚礼和一场审判；在另一座城市，他刻画了一场战争。此外，赫菲斯托斯还在盾牌上刻下肥沃的良田、忙碌收割的农夫、做饭的妇女、亟待丰收的葡萄园和弹奏乐器的年轻人等。这些场景跨越时间和空间，像是一年四季在世界各个角落发生的事情。

后人对阿喀琉斯的盾牌进行了众多解读。有人认为这个盾牌是文明的缩影，上面的图案呈现了生活的方方面面，审判代表法律，表明一个城市运行所必需的社会秩序，而战争则表明人性的阴暗；有人认为盾牌所呈现的是希腊生活的缩影，这些图案展示了一个文明有序的社会；也有人将盾牌视为整个人类知识的总结。

　　这块奇妙的盾牌引发艺术家无限的遐想。17世纪佛兰德斯画家彼得·保罗·鲁本斯的油画《忒提斯从赫菲斯托斯手中接过阿喀琉斯之盾》（图1）描绘了在一个深邃抑郁的背景中，赫菲斯托斯将熠熠闪光的盾牌交给忒提斯。

　　巴洛克画派代表画家安东尼·范戴克画过类似的作品《忒提斯从赫菲斯托斯那里接过阿喀琉斯的武器》（图2）。画中，赫菲斯托斯将盾牌放在忒提斯的胸前，似乎在向她介绍盾牌如何坚固，让养母放心。

阿喀琉斯原本就勇猛威武，有了火神打造的盾牌更是战无不胜。然而，尽善尽美的"阿喀琉斯之盾"也没能改变英雄的宿命。阿喀琉斯最终因脚踝被毒箭射中而丧命。阿喀琉斯之盾和阿喀琉斯的悲情一起在世间流传。

❶ 鲁本斯《忒提斯从赫菲斯托斯手中接过阿喀琉斯之盾》

忒提斯垂头哀叹，明知儿子要命丧
战场，却也无能为力。

赫菲斯托斯同情地看着她，唯有希望这个盾牌能助阿喀琉斯
一臂之力。

❷ 安东尼·范戴克《忒提斯从赫菲斯托斯那里接过阿喀琉斯的武器》

2 至今完好的
赫菲斯托斯神庙

很多人去雅典是为了看那里的神庙，比如奥林匹亚宙斯神庙、帕特农神庙、雅典娜胜利神庙和伊瑞克提翁神庙等。有些神庙已经残破不堪，或只剩下几根大理石柱子，而有一座神庙在历经 2000 多年沧桑后，依然保存完好，它就是赫菲斯托斯神庙（图 3）。

❸ 赫菲斯托斯神庙
（来源：Wikimedia Commons）

赫菲斯托斯神庙的一侧有 6 根柱子，另一侧有 13 根柱子，柱子粗壮，檐部较重，柱身从台基面上拔地而起，整体风格刚毅雄伟，被认为是典型的多立克柱式神庙。神庙的历史可追溯到公元前 495 年至前 429 年的伯里克利时代，那也是雅典最辉煌的时期。赫菲斯托斯神庙装饰华丽，有着生动的雕刻，内容包括大力神赫拉克勒斯的 12 道任务，忒修斯之战，希腊神帕拉斯的 50 个孩子，半人马和拉皮斯人的争斗，以及特洛伊的陷落等。据考证，神庙的四周曾种满了石榴树、香桃木和月桂树等。

赫菲斯托斯神庙和帕特农神庙相似，因此有人推测这座神庙同样出自设计帕特农神庙的建筑师伊克梯诺之手。不过，也有人认为它的设计者是设计了雅典娜胜利神庙的卡里克利。从公元 7 世纪到 1834 年，赫菲斯托斯神庙被改造成一座东正教教堂，这大概也是其免于受损的重要原因。英国建筑师巴尼斯特·弗莱彻在著作《建筑史》中写道："雅典的赫菲斯托斯始建于公元前 449 年，外部保存完好。它被拜占庭帝国的希腊人改造为教堂，他们拆除了神庙里面的圣殿，在东端建造了一个后殿，并为这座神庙打造了现在的混凝土拱顶。"1834 年，刚从奥斯曼帝国获得独立的希腊王国迁都雅典，执政的摄政王们下令将赫菲斯托斯神庙用作博物馆，并在这里举办了首次全国考古发现展。此后 100 年，这座神庙一直都是博物馆。

如今，这座神庙周围依然有很多铁匠铺，手工作坊和瓷器店等，这和工匠之神赫菲斯托斯的身份很搭。相传，赫菲斯托斯正是手工业者们的老师。他善于合作，热心助人。《荷马史诗》中叙述"他在世界各地教人们高超的手艺"，让他们"过上安稳的生活"。当雅典娜女神教女人们手艺如纺纱和编织时，赫菲斯托斯则教会男人们一技之长。

赫菲斯托斯的手工艺水平虽比不上智慧女神雅典娜，但其工匠之神的地位却无人能撼。在赫菲斯托斯的手中，锻造像是魔法，他能创造出那些或美妙或致命的东西。赫菲斯托斯还曾锻造了一群金属人做自己的帮手，他们不仅会说话，且手艺精湛。

3 艺术家纷纷呈现火神的锻造坊

赫菲斯托斯锻造时，山崩地裂，火山喷发，赫菲斯托斯的火神之名就是由此而来。英文单词"火山"（volcano）便来自他的罗马名"伏尔甘"（Vulcan）。古往今来，人们想象他的锻造坊，想象他锻造时的威猛，想象他那无穷尽的创意来自何方……在画家笔下，赫菲斯托斯的锻造坊变得越来越神秘。

在这些画作中，《阿波罗在伏尔甘的锻造坊》（图4）是其中的佼佼者，该画出自西班牙画师迭戈·委拉斯开兹之手。1629年，他访问意大利，在画师彼得·保罗·鲁本斯的建议下完成了这幅作品。该画现收藏于马德里普拉多博物馆。

这幅画画的是阿波罗来到火神伏尔甘的锻造坊，告诉他维纳斯和战神有私情的场景。委拉斯开兹受意大利画师安东尼奥·坦佩斯塔的版画的启发，创作了这幅作品。他采用古典巴洛克画风，对人体的呈现则受到希腊罗马雕像和吉多·雷尼古典艺术运动的影响。

画中，伏尔甘和他的助手们正在锻造盔甲，他们看上去只是普通铁匠的模样，像是附近某个村子里的人。传说中的位于洞穴的锻造坊被画成一个其貌不扬的铁匠铺，类似于当时罗马街头随处可见的铁匠铺。不过，伏尔甘和他的助手们个个体魄强壮，毫不谦虚地炫耀着自己的力量。画中出现的其他物体，包括盔甲、铁砧、锤子和炽热的铁块本身等，都充满了强烈的现实主义风格。画的右上方是放在架子上的瓶瓶罐罐，它们本身就是静物画。画中的伏尔甘并不太丑，阿波罗也没有帅到哪里。当时的许多意大利画家会将希

❹ 迭戈·委拉斯开兹《阿波罗在伏尔甘的锻造坊》

腊神话理想化，而委拉斯开兹则把希腊神画成了普通人，把希腊神的世界画成了现实的世界。

　　此前，意大利画师小弗朗切斯科·巴萨诺的画作《伏尔甘的锻造坊》（图5）将锻造坊塑造成神的世界和人的世界相结合的理想之地。画中锻造炉的样子很像是当时现实生活中的锻造炉，人们的服饰也是当时意大利流行的服饰，不过，锻造坊中有天使和仙女，让画面虚实结合。

　　意大利风俗画家丁托列托画的《伏尔甘的锻造坊》（图6）充满了魔幻色彩。在一个黑漆漆的洞穴里，伏尔甘和他的助手们正在热火朝天地锻造，画中白雪皑皑，但象征和平的橄榄树依然浓郁茂盛。法兰德斯画家西奥多·凡·蒂尔登画笔下的《伏尔甘的锻造坊》（图7）也将锻造坊理想化，只见画中三位赤裸的猛男围在一起，轮番敲打铁块。他们精神饱满，身姿矫健，是理想中的完美人体。除此之外，我还在苏格兰的德拉蒙德城堡花园里见到伏尔甘的锻造坊的石刻浮雕（图8）。

❺ 小弗朗切斯科·巴萨诺《伏尔甘的锻造坊》

❻ 丁托列托《伏尔甘的锻造坊》

❼ 西奥多·凡·蒂尔登
《伏尔甘的锻造坊》

❽ 德拉蒙德城堡花园伏尔甘的锻造坊的石刻浮雕
（摄影：崔莹）

不过，无论是人间锻造坊，还是神间锻造坊，火神伏尔甘都是一副吃苦耐劳、勤勤恳恳、埋头苦干的模样。

希腊众神大都或美丽或魁伟，而赫菲斯托斯则又丑又残疾。意大利画家乔凡尼·巴蒂斯塔·提埃坡罗在《维纳斯和伏尔甘》中将他画成一个半秃头的矮老头（图9），而意大利画家朱利奥·罗马诺的《维纳斯和伏尔甘》中，他则是一个满头白发的老头（图10）。然而，天生的缺陷并没有把他吓倒，他勤学苦练，拥有了无与伦比的技能，他仁厚真诚、谦卑低调、知恩图报，对抛弃自己的生母不计前嫌，即使面对妻子的背叛，他也不愠不怒，只是借助巧夺天工的无形罗网，把命运待他的不公昭于世人。在别的神觥筹交错，花前月下时，他投身于艰苦劳作，任劳任怨，精于打造宫阙、武器，甚至是女神们的珠宝。

赫菲斯托斯在天长地久的工作中找到了自己的价值。他留给世人完美的阿喀琉斯之盾，完好的赫菲斯托斯神庙，给画家带去无尽的创作灵感……尽管丑陋、残疾，但因努力和坚持，赫菲斯托斯并不平庸，算得上希腊众神中最与众不同的神。

❾ 乔凡尼·巴蒂斯塔·提埃坡罗《维纳斯和伏尔甘》　❿ 朱利奥·罗马诺《维纳斯和伏尔甘》

阿喀琉斯之踵，英雄也脆弱

Chapter 33

寓意"致命弱点，致命伤"的阿喀琉斯之踵，
大概是人们最熟悉的希腊神话典故。
阿喀琉斯是特洛伊战争中希腊联军的勇士。
他敏捷善战，
有情有义，
不计代价为好友帕特罗克洛斯复仇，
但最终死在了特洛伊王子的箭下。
几千年来，
阿喀琉斯的故事在艺术家们的画笔下绽放，
对后世文学产生了深远影响。
而他之所以出名，
最主要的原因还是他的脚跟（踵）。

阿喀琉斯之踵的诞生 1

荷马的《伊利亚特》是讲述特洛伊战争的西方文学巨著，其中详细叙述了阿喀琉斯的故事，提到了阿喀琉斯之怒，但没有说起他的死。在《伊利亚特》中，阿喀琉斯只是受伤了。

直到公元 1 世纪，阿喀琉斯之踵才真正被提及。罗马诗人斯塔提乌斯在《阿喀琉斯纪》中讲了一个故事。阿喀琉斯是海洋女神忒提斯和凡人英雄珀琉斯的孩子。有预言说，阿喀琉斯会英年早逝。为了防止这一幕发生，他的母亲忒提斯将年幼的他带到冥河边，抓着他的脚跟（踵）将他浸入冥河水中，这样他的身体将无懈可击。但没有沾到冥河水的脚跟成为他身上唯一的致命点。

后来，人们直接用"阿喀琉斯之踵"指代：尽管整体实力强大但有致命的弱点。在英语中，"阿喀琉斯之踵"一词的使用可以追溯到300多年前。17世纪，以诗歌《库珀的山坡》闻名的诗人约翰·德纳姆也写下了这样的诗句："那就离开吧，他说，那无懈可击的龙骨，我们会发现他们很虚弱，就像阿喀琉斯之踵。"到了19世纪，阿喀琉斯之踵的用法开始普及。1810年，英国浪漫主义诗人塞缪尔·泰勒·柯勒律治写道："爱尔兰，英国的阿喀琉斯之踵！"

阿喀琉斯之踵深入人心，很多艺术家围绕这个主题进行了创作。17世纪巴洛克画家贝索莱特·弗莱马尔的作品《阿喀琉斯的脚踵受伤》（图 1）呈现了英雄受伤的场景。悲剧发生在一座阿波罗神庙里。

而在另一版本的故事中，阿波罗则亲自动手，用神箭射中阿喀琉斯的脚踵。无论如何，阿波罗都是导致阿喀琉斯之死的关键人物。

❶ 贝索莱特·弗莱马尔《阿喀琉斯的脚踵受伤》

画中，阿喀琉斯跪倒在神像面前，正和老国王普里阿摩斯谈判。

殊不知此时，特洛伊王子帕里斯已经悄悄站在他的身后，并在太阳神的指引下，将弓箭射向他的脚踵。

画师把阿波罗画成悬浮在半空中"指点"伏击的神。

2020 年，大英博物馆举办了名为《特洛伊：神话与现实》的展览，其中一件重要展品是意大利雕塑师菲利波·阿尔巴奇尼于 1825 年完成的大理石雕塑《受伤的阿喀琉斯》（图 2）。这座雕塑通常摆放在英国的查兹沃茨庄园，呈现的是受伤后阿喀琉斯的模样。他半卧在地，一手撑地，一手抓着射中他右后脚跟的箭。他的身材魁伟俊美，却又似乎不堪一击。以往的雕塑多展现希腊英雄的英勇敏捷，而这座雕塑呈现了英雄的无奈和脆弱。

奥匈帝国伊丽莎白皇后（"茜茜公主"）的宫殿里也有一座以阿喀琉斯之踵为主题的雕塑。1889 年，伊丽莎白皇后在梅耶林事件中失去了唯一的儿子鲁道夫，伤心欲绝。她命人在希腊的科孚岛上修建了阿喀琉斯宫。这座宫殿以阿喀琉斯为主题，除宫殿名称外，还有众多和这位英雄相关的元素。宫殿花园中央陈列着雕塑《垂死的阿喀琉斯》（图 3）。阿喀琉斯斜坐在地上，一只手抓着射中他后踵的箭，眼望天空，似乎正在向母亲求救。这座雕塑出自德国雕塑师恩斯特·赫特之手。

伊丽莎白皇后非常喜欢这座宫殿，把这里当作疗伤的避难所。也许，垂死的阿喀琉斯像极了她的儿子鲁道夫，他和阿喀琉斯一样囿于命运的摆布，而自己作为母亲，也像海洋女神忒提斯一样无能为力。

❷ 菲利波·阿尔巴奇尼《受伤的阿喀琉斯》雕像
（来源：Wikimedia Commons）

❸ 科孚岛阿喀琉斯宫《垂死的阿喀琉斯》雕像
（来源：Wikimedia Commons）

用挂毯画讲述
阿喀琉斯一生 2

　　荷兰鹿特丹布尼根博物馆和普拉多国家博物馆先后举办过展览《彼得·保罗·鲁本斯：阿喀琉斯的一生》，展示鲁本斯创作的以阿喀琉斯为主题的速写、油画和挂毯画等。鲁本斯一生总共设计了 4 个系列的挂毯画，其中之一便是关于阿喀琉斯的。他用 8 幅画描绘了阿喀琉斯的一生，并据此创作了两组不同风格的油画。

　　鲁本斯将系列挂毯画视为一个整体。第一幅挂毯画名为《忒提斯将阿喀琉斯浸入冥河水》（图 4）。鲁本斯在这幅挂毯画中画了三头犬，暗示这里是冥界。画中左右两侧大理石柱上的一对人物雕塑特别显眼，它们像是活了一样。雕塑人物的眼睛炯炯有神，流露着同情，似乎正眼睁睁地看着这场悲剧的开幕。有趣的是，最终制作完成的挂毯画（图 5）却把这对雕塑拿掉，取而代之的是一串串鲜花和瓜果，大概用此体现繁荣富饶和旺盛的生命力。

　　第二幅挂毯画的名字是《阿喀琉斯的教育》（图 6），呈现的是阿喀琉斯接受半马人喀戎的教育。喀戎是阿喀琉斯的曾祖父，画中，他正教阿喀琉斯骑马。阿喀琉斯还从曾祖父这里接受了音乐、狩猎和诗歌方面的教育。

　　第三幅挂毯画《阿喀琉斯身处吕克美德斯的女儿中》（图 7）画的是阿喀琉斯在吕克美德斯的众多女儿中被发现的情景。他的母亲怕他被征调参加特洛伊战争，就把他藏在吕克美德斯家，和他家的 50 个女儿一起生活。结果，奥德修斯设下计策，识别出阿喀琉斯。在鲁本斯的画笔下，当警报响起时，其他女孩大惊失色，阿喀琉斯却一脸从容，抓起头盔戴在头上。

❹ 鲁本斯《忒提斯将阿喀琉斯浸入冥河水》挂毯画　　❺ 鲁本斯《忒提斯将阿喀琉斯浸入冥河水》挂毯画

❻ 鲁本斯《阿喀琉斯的教育》挂毯画　　❼ 鲁本斯《阿喀琉斯身处吕克美德斯的女儿中》挂毯画

在这组挂毯画中，鲁本斯选取的和阿喀琉斯有关的其他主题还包括：
《阿喀琉斯之怒》（图 8），布里塞伊斯被归还给阿喀琉斯（图 9），忒提斯
收到火神送来的阿喀琉斯的武器（见第 21 章），《赫克托耳之死》（图 10）
和《阿喀琉斯之死》（图 11）。

❽ 鲁本斯
《阿喀琉斯之怒》挂毯画

❾ 鲁本斯
《布里塞伊斯的归来》挂毯画

❿ 鲁本斯
《赫克托耳之死》挂毯画

⓫ 鲁本斯
《阿喀琉斯之死》挂毯画

鲁本斯的创作既忠实于原著，又是他直觉的产物。这些作品呈现了阿喀琉斯性格中英雄的一面，也呈现了他人性的一面。鲁本斯一生创作了1400多幅作品，相比之下，他创作的关于阿喀琉斯的作品数量并不多，但他对阿喀琉斯故事的流传起到了重要的作用。阿喀琉斯的一生在鲁本斯的画笔下熠熠生辉，而鲁本斯也因为这些创作被载入史册。

《尼伯龙根之歌》的创作源泉 3

　　12世纪初，德语作家赫伯特·凡·弗里茨拉创作了德语版的《特洛伊之歌》。在这部含有18458行诗句的文学作品中，阿喀琉斯是主角，赫伯特对阿喀琉斯充满了热爱。在弗里茨拉笔下，阿喀琉斯不仅战无不胜，而且充满激情。他的这部作品第一次生动详细地用德语讲述了阿喀琉斯的故事。后人推测，这部作品直接取材于法国诗人伯努瓦·德·圣穆尔于1160年创作的《特洛伊传奇》，因为当时，荷马的《伊利亚特》还只是希腊文，尚未被译成拉丁文在欧洲流传。不过，弗里茨拉的《特洛伊之歌》在德国的知名度并不高，13世纪末，德国诗人赫伯特康拉德·冯·维尔茨堡创作的《特洛伊战争》更出名。

　　中世纪著名的德语叙事诗《尼伯龙根之歌》被称誉为"德语圣经"，这部作品的创作也受到阿喀琉斯故事的启发。人们还把这部史诗称为德语的《伊利亚特》。尽管《尼伯龙根之歌》和《伊利亚特》的情节并不完全相同，但存在诸多相似之处，比如在情节上，两部作品的结尾都是一方彻底毁灭，在《伊利亚特》中，希腊人摧毁了特洛伊，在《尼伯龙根之歌》中，全体勃艮第人无一生还；在人物设置上，希腊英雄奥德修斯和国王的大臣哈根，阿喀琉斯和屠龙勇士齐格弗里德，古希腊迈锡尼国王阿伽门农和勃艮第国王龚特尔等，也都存在相似之处。

　　两部作品的主角相似之处更多。阿喀琉斯和齐格弗里德都是伟大的战士，神的后裔，半人本神。阿喀琉斯的母亲是海洋女神，父亲是凡人英雄。齐格弗里德的父亲是一名战士，祖父是尼伯龙根人。两人都拥有强大的武器，阿喀琉斯拥有火神为之他打造的盾牌，齐格弗里德拥有矮人族为他锻造的巴鲁姆克剑；阿喀琉斯懂马，而齐格弗里德识鸟；阿喀琉斯分得女奴布里塞伊斯，但她被阿伽门农抢走，这让人联想到齐格弗里德帮助国王龚特尔成功娶到布伦希尔德；阿喀琉斯和齐格弗里德都是强有力的人物，但他们分别臣服于阿伽门农和龚特尔。同时，阿喀琉斯有时会反抗阿伽门农，就像齐格弗里德会反抗龚特尔一样。并且，两人最终都被谋杀，因为他们都有一个致命的弱点，阿喀琉斯的弱点在他的脚后跟，而齐格弗里德的弱点在他的背部。不过，齐格弗里德是中世纪德意志民族的神话英雄，作品明显带有时代色彩，比如文中体现着骑士阶层思想和忠君思想等，而阿喀琉斯处于原始氏族社会向奴隶制社会过渡的变革时期，人物更多以氏族利益和部落利益为重。

德国古典音乐大师威廉·理查德·瓦格纳对《尼伯龙根之歌》进行改编，经过 26 年的辛苦创作，于 1874 年完成歌剧《尼伯龙根的指环》。如此，阿喀琉斯的故事也辗转孕育了这部空前绝后的经典歌剧。

阿喀琉斯骁勇善战，忠诚勇敢，他为战斗而生，也为战斗而死。他珍视荣誉与尊严，因受到阿伽门农的侮辱而罢战，也重视友情，奋不顾身地为好友复仇。而他的弱点，又让他显得更接近人类，让世人对他充满尊敬和同情。据说，阿喀琉斯是亚历山大大帝最崇拜的英雄。

图书在版编目（CIP）数据

遇见众神：希腊神话与西方文化艺术 / 崔莹著 . 一
北京：现代出版社，2023.7
ISBN 978-7-5231-0323-4

Ⅰ. ①遇… Ⅱ. ①崔… Ⅲ. ①神话－研究－古希腊
Ⅳ . ① B932.545

中国国家版本馆 CIP 数据核字 (2023) 第 082951 号

遇见众神：希腊神话与西方文化艺术

作　　者：崔　莹
策划编辑：张　霆
责任编辑：袁子茵
出版发行：现代出版社
通信地址：北京市安定门外安华里 504 号
邮政编码：100011
电　　话：010-64267325　64245264（传真）
网　　址：www.1980xd.com
印　　刷：北京飞帆印刷有限公司
开　　本：710mm×1000mm　1/16
印　　张：19.75　　　　　　　　字　　数：270 千
版　　次：2023 年 7 月第 1 版　　印　　次：2023 年 7 月第 1 次印刷
书　　号：ISBN 978-7-5231-0323-4
定　　价：76.00 元